シャドーイング

Shadowing
もっと話せる日本語

Let's master conversational Japanese!
更流利地说日语!　　Để nói tiếng Nhật tốt hơn!

迫田久美子［監修］・古本裕美［編著］
シャドーイング教材作成チーム［著］

初〜中級編
Beginner to Intermediate Edition
初〜中级篇
Từ sơ cấp đến trung cấp

英語・中国語・ベトナム語 翻訳付き
[English, Chinese, Vietnamese translations]

くろしお出版

はじめに

　一人の日本語教師の友人が次のように言っていました。「学生は、助詞のテストでいろいろ迷って最終的に正答しても、会話ではその助詞を使えないことが多い。」実際、日本語能力試験の N1 に合格した学生でも、日本語が上手に話せるとは限りません。これは、「わかる」と「できる」が別々の技能であることを示唆しています。

　本書の目的は、3つあります。1つ目は、「わかること」を実際に使うための「できること」に繋ぐ、言い換えればわかった日本語の知識を実際に使えるようにすることです。学習者が、「『受身』も『敬語』も習いました。」と言っても、「習った」や「知っている」だけでは、コミュニケーション場面で使えるとは限りません。本書は、シャドーイングという訓練方法によって、知識として学んだことを運用できるレベルに到達させる方法を提供します。

　2つ目は、短い文から長い文を作る力をつけることです。初級レベルから中級、上級レベルへと上達すると、短い文から段落が作れるようになります。本書では、基礎的な表現を使って、まとまりのある発話を即時に産出する訓練を行います。考えて答えを出す筆記テストに対し、発話は即時に処理する必要があるので、訓練に使う内容は現在の学習者のレベルより少し低いレベルが良いとされています。そのためには、N3 合格者なら N4、N4 合格者なら N5 の内容で訓練することが勧められます。

　3つ目は、相手によって表現を変える「スタイルシフト」を学ぶことです。同じ話題でも、話し手と聞き手の関係によって、話し方を変える必要があります。日本人のクラスメートに「です・ます体」で話して敬遠される失敗や、アルバイト先の上司に「ため口」で話して、失礼な印象を与えたりする失敗は避けたいものです。スタイルシフトは、円滑なコミュニケーションの要だと言えます。

　本書は、日本文化や最近の話題を紹介しながら、シャドーイングというツールを使って、日本語が「わかる」から「できる」のステージに学習者を立たせることを支援します。

　本書が誕生するまでには、実に多くの方々の支援と年月がかかっています。取り上げたトピックは、国内外の大勢の日本語教員による中等・高等教育機関の学習者へのアンケート調査で決定しました。また、教材の文章も国内外の日本語教員で構成されるシャドーイング教材作成チームが作成し、何度も練り直しました。最後に、10 年以上前に「出版」という千里の道の第一歩を踏み出すきっかけをくださり、雨にも風にも負けずに私たちの重い腰を支え続けてくださったくろしお出版の市川麻里子氏に深く感謝いたします。市川氏の根気強さとくろしお出版の忍耐力がなければ、千里の道のゴールへは到達できませんでした。我々、執筆者一同、ここに深く感謝いたします。

2023 年 7 月　監修・著者一同

CONTENTS

これ知ってる?

本書の使い方

「シャドーイング」は、聞こえてくる音声をすぐに声に出して繰り返す練習方法です。同時通訳の基礎的な訓練に使われてきましたが、最近は一般的な外国語学習にも取り入れられています。シャドーイングを繰り返すと、以下のような効果が期待できます。**大切なポイントは『繰り返し』です。10分程度のシャドーイングをできるだけ毎日続けてください。**

シャドーイングの効果
　①習って「わかる」ことを、実際の会話で使うことが「できる」ようになる。
　②自然なスピードで話された日本語が聞き取れるようになる。
　③正しい発音やプロソディが身につく。

特　徴
①基礎的な表現が「できる」ようになる
　N5、N4の基礎的な表現を繰り返してシャドーイングすることで、その表現を含む文や文章がスラスラと話せるようになります。

②まとまりのある話が「できる」ようになる
　モノローグ（独話・一人語り）や少し長めの**ダイアローグ（対話）**をシャドーイングすることで、**短い文から長い文で話せるようになり、さらには段落の長さでも話せるようになります。**

③スタイルシフトが学べる
　ダイアローグには、**先生や上司と話す「フォーマル（です・ます）」**会話と、友人や同僚と話す**「カジュアル」**会話があります。これらの会話を通して、同じ内容でありながら相手や場面にふさわしい話し方を自然に学ぶことができます。

	フォーマル（です・ます）会話 [先生や上司と話すとき]	カジュアル会話 [友人や同僚、家族と話すとき]
文末	温泉がたくさんありますよ。 いっしょに食べに行きませんか？ 歯医者に行ったんです。	温泉がたくさんあるよ。 いっしょに食べに行かない？ 歯医者に行ったの。
縮約形	秋葉原に行こうと思っているんです。 考えなければなりません。	秋葉原に行こうと思ってるの。 考えなきゃね。
助詞	花火を見ますか？ 佐藤さんはアイスが好きでしょう？ ピカチュウの声は、同じなんだそうですよ。	花火φ、見る？ 桜ちゃんはアイスφ好きでしょう？ ピカチュウの声って、同じなんだって。 <div align="right">φ＝省略を表す</div>

④さまざまなトピックで学べる

　各ユニットでは、日本文化に関するさまざまなトピックが取り上げられています。そのため、シャドーイングをしながら日本について新しい発見をすることができます。

⑤自己評価ができる→p.8をご参照ください。

本書の対象者と構成

　本書で対象とする日本語学習者のレベルは、**初級～中級**（N5-N3）です。一方、スクリプトの表現（文型・文法）の難易度は初級（N5-N4）です。**読んでわかるレベルの日本語を自然な速度で聞き**、それをすぐに声に出してシャドーイングすることで、**習って知っていることを「できる」**ようにします。

セクション	ユニット	スクリプトの難易度		内容
Section Ⅰ	Unit 0	★☆☆☆☆	入門（Pre-N5）	**短めのダイアローグ** （あいさつや日常会話など）
Section Ⅱ	Uni 1-10	★★☆☆☆	初級前半（N5）	**モノローグ・** **ダイアローグ**
Section Ⅲ	Unit 11-23	★★★☆☆	初級後半（N5-N4）	（2つのスピーチスタイル （**フォーマル／カジュアル**））

シャドーイングの進め方

　ユニットはどこから始めてもいいです。また、ユニットの中の一部だけ練習してもいいです。みなさんのレベルに合っていて、やってみたいものを選んでください。大事なことは、**①毎日練習すること、②内容を理解したうえでシャドーイングすること**です。**練習時間は、1日10分程度**を目安にしてください。意味がわからないものを音真似しても、その表現が使えるようにはなりません。**必ず「Step 2 意味の確認」をしてから**、シャドーイングしてください。

Step 1	リスニング	スクリプト(テキストにあるモノローグやダイアローグの原稿)を見ないで音声を聞きます。そして、内容をおおまかに理解します。
Step 2	意味の確認	スクリプト、表現、Words を見て、意味を確認します。
Step 3	シンクロ・リーディング	スクリプトを見ながら、聞こえてくる音声に合わせて同じスピードで音読をします。
Step 4	サイレント・シャドーイング	スクリプトは見ません。口もとだけを動かして声に出さないシャドーイングをします。
Step 5	マンブリング	スクリプトは見ません。聞こえてくる音声を小さい声でつぶやいてシャドーイングします。
Step 6	コンテンツ・シャドーイング	スクリプトは見ません。聞こえてくる音声の意味に注意して、内容を理解しながらシャドーイングします。
	プロソディ・シャドーイング	スクリプトは見ません。聞こえてくる音声の発音とプロソディ(アクセントやイントネーションなど)に注意して、シャドーイングします。

難しいと感じたときは…

☐ 少し簡単なレベルを選んでください。

☐ シャドーイングをいったんやめて、何度もリスニングしてください。

☐ 大きい声ではなく、小さい声でシャドーイングしてみてください。

☐ 短い文ごとに一時停止をしながら、シャドーイングしてもいいです。

☐ 速度調整ができるアプリなどを使って、少し遅いスピードでシャドーイングしてみてください。

自己評価のやり方

　まず、自分のシャドーイングの声をスマートフォンやボイスレコーダーに録音します。そして、①**正確に言葉や文が言えたか**、②**正確に発音できたか**、③**飛ばさずに、スムーズに言えたか**を確認しましょう。また、スクリプトを見ながら録音を聞いて、上手に言えなかった部分に○をつけたり、線を引いたりしてみましょう。チェックするたびにペンの色を変えれば、上達度を感じることができます。

Unit 1

🔊 13 日本では、春にたくさんあいさつをします。
　にほん　　　　　はる

それは、春が「さようなら」と「はじめまして」の季節だからです。
　　　　　はる　　　　　　　　　　　　　　　　　　　きせつ

3月には、卒業式があります。
さんがつ　　　そつぎょうしき

❶ 正確に言葉や文が言えた せいかく　ことば　ぶん　い	1	2	3	4	合計 ごうけい
❷ 正確に発音できた せいかく　はつおん	1	2	3	4	
❸ 飛ばさずに、スムーズに言えた と　　　　　　　　　　　い	1	2	3	4	／12点

1…できなかった
2…あまりできなかった
3…だいたいできた
4…よくできた

合計点	評 価
5点以下	少し難しかったようですね。まず、リピーティングやシンクロ・リーディングをしてみましょう。スムーズにシンクロ・リーディングができるようになったら、もう一度シャドーイングしてみてください。
6～9点	もう少しです。サイレント・シャドーイングやマンブリングをしてみてください。それらがスムーズにできるようになったら、もう一度シャドーイングしてみてください。うまく言えなかった部分だけ繰り返して練習するのもいいでしょう。
10点以上	よくできました。ほかの音声（ユニット）にチャレンジしましょう。

凡 例

記号	意味	例
N	名詞	学生、温泉
イ A	イ形容詞	寒い、かわいい
ナ A	ナ形容詞	好きな、上手な
V * V- る	動詞 *動詞の辞書形	読む、行く、食べる
S	文	
F	フォーマルの会話だけに出てくる単語	
C	カジュアルの会話だけに出てくる単語	

翻訳について

　セクションⅠの会話には、英語、中国語、ベトナム語の全翻訳がついています。セクションⅡとセクションⅢは、Words（単語）、巻末の「表現（文法）リスト」に、それぞれ3か国語訳がついています。

ウェブサイトについて

　本書のウェブサイト『Shadowing もっと話せる日本語 Web』では、以下のものがご利用できます。

①音声ファイル…本文にある音声マークの数字 🔊01 にしたがって再生してください。
②自己評価シート
③教師用評価シート

https://www.9640.jp/shadowing-motto/
➡Password: hanasu52B

How to use this book

"Shadowing" is a language practice method whereby you repeat an audio aloud just after you hear it. It was used for basic training in simultaneous interpreting; however recently it is incorporated into general foreign language learning. If you repeat shadowing, you can expect the following effects. It is important to practice repeatedly. Please try repeating a ten-minute practice every day.

Shadowing effect

① You "CAN USE" what you "UNDERSTAND" by learning, in the actual conversation.
② You can begin to understand Japanese spoken at a natural speed.
③ You can learn correct pronunciation, prosody, etc.

Features

① You "CAN" output basic expressions.

By repeating basic expressions used in N5 and N4(JLPT), shadowing helps you output the sentences including these expressions smoothly while speaking.

② You "CAN" have a coherent conversation.

By shadowing monologue and a little longer dialogue, you will be able to improve speaking short to long sentences, then a paragraph length.

③ You can learn style shift.

For a dialogue, there are "Formal (desu, masu)" conversations talking with a teacher, boss, etc., and "Casual" conversations talking with a friend, colleague, etc. You will learn, in a natural way, to speak appropriately, depending on the situation or the person you are speaking with.

script difficulty   topic

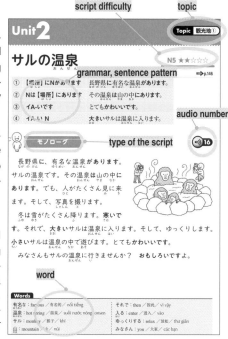

grammar, sentence pattern

audio number

type of the script

word

Words

style shift

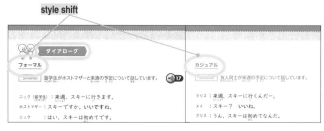

10

	formal conversation (using desu, masu) [when talking to a teacher, boss, etc.]	casual conversation [when talking to a friend, colleagues, family members, etc.]
end of the sentence	温泉_{おんせん}がたくさんありますよ。 いっしょに食_たべに行_いきませんか？ 歯医者_{はいしゃ}に行_いったんです。	温泉_{おんせん}がたくさんあるよ。 いっしょに食_たべに行_いかない？ 歯医者_{はいしゃ}に行_いったの。
contracted form	秋葉原_{あきはばら}に行_いこうと思_{おも}っているんです。 考_{かんが}えなければなりません。	秋葉原_{あきはばら}に行_いこうと思_{おも}ってるの。 考_{かんが}えなきゃね。
particle	花火_{はなび}を見_みますか？ 佐藤_{さとう}さんはアイスが好_すきでしょう？ ピカチュウの声_{こえ}は、同_{おな}じなんだそうですよ。	花火_{はなび}φ、見_みる？ 桜_{さくら}ちゃんはアイスφ好_すきでしょう？ ピカチュウの声_{こえ}って、同_{おな}じなんだって。 φ＝expresses abbreviation

④ You can learn about various topics.

Various topics related to Japanese culture are featured in each unit. Thus, you will be able to discover new information about Japan by practicing shadowing.

⑤ You can make a self-assessment. → Please refer to page 12.

Target readers and structure of this book

The levels of Japanese language learners targeted in this book are **beginner through intermediate** (N5-N3). On the other hand, the expressions in the script (sentence patterns and grammar) are biginners level (N5-N4). **You "can do" what you learned and know by shadowing loud immediately after listening to Japanese at a level you can read and understand, at a natural speed.**

Secition	Unit	Level of Difficulty		内容
Section Ⅰ	Unit 0	★☆☆☆☆	Introduction （Pre-N5）	**Short Dialogue** (Greetings, Daily Conversation, etc.)
Section Ⅱ	Uni 1-10	★★☆☆☆	First Half of Beginner Level (N5)	**Monologue, Dialogue**
Section Ⅲ	Unit 11-23	★★★☆☆	Second Half of Beginner Level （N5-N4）	two speech styles → formal/casual

How to proceed with shadowing

You may begin with any unit. You may also practice just a part within the unit. Please choose what is appropriate to your level and what you are interested in practicing. The important thing is ① to practice daily, and ② to begin shadowing after you understand the content. The guideline for practice time is about ten minutes per day. If you imitate without knowing the meaning, you will not be able to use the expression. Be sure to confirm the meaning explained in "Step 2", then practice shadowing.

Step 1	Listening	Listen to the audio without looking at the script (the text of the monologue or dialogue). Then generally understand the content.
Step 2	Confirm the meaning	Confirm the meaning by looking at the script, expressions, and Words.
Step 3	Synchronized Reading	By looking at the script, read it aloud while matching the pace of the audio.
Step 4	Scilent shadowing	You do not look at the script. Practice shadowing only by moving your mouth, without your voice.
Step 5	Mumbling	You do not look at the script. Practice shadowing by mumbling in a low voice, following the audio that you can hear.
Step 6	Content shadowing	You do not look at the script. By paying attention to the meaning of the audio, practice shadowing while understanding the content.
	Prosody shadowing	You do not look at the script. Practice shadowing, paying attention to the pronunciation and prosody (accent, intonation, etc.) of the audio that you listen to.

When you think it is difficult …

☐ Please choose the level that is a little easier.

☐ Please stop shadowing, and listen to the audio more times.

☐ Please practice shadowing with a low voice, not a loud voice.

☐ You may practice shadowing by pausing after every short sentence.

☐ Please practice shadowing a little more slowly by using an app that can control the audio speed.

How to do the self assessment

First, record your shadowing voice using a smartphone, voice recorder, etc. Then confirm if you were able to ① correctly say the words, sentences, etc., ② pronounce correctly, and ③ repeat smoothly without skipping any parts. Also, look at the script while listening to the recording, and mark or underline the parts you could not say well. By changing the color of a pen every time you check your recording, you can feel the progress.

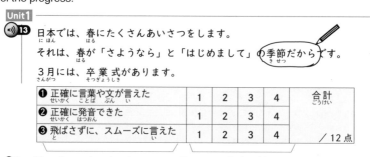

Unit 1

🔊 13 日本では、春にたくさんあいさつをします。

それは、春が「さようなら」と「はじめまして」の季節だからです。

3月には、卒業式があります。

❶ 正確に言葉や文が言えた	1	2	3	4	合計
❷ 正確に発音できた	1	2	3	4	
❸ 飛ばさずに、スムーズに言えた	1	2	3	4	／12点

❶ I could say the words and sentences correctly.

❷ I could pronounce correctly.

❸ I could repeat smoothly without skipping any parts.

1... I could not.
2... I could not do very well.
3... I could do well mostly.
4... I could do well.

Total points	Evaluation
Less than 5 points	It may be a little difficult. First of all, please try repeating, synchronized reading, etc. Once you can smoothly do synchronized reading, please try shadowing again.
6-9 points	You can improve a little bit more. Please try silent shadowing, mumbling, etc. Once you can smoothly do them, please try shadowing again. It is OK to practice by repeating just the part you could not say well.
More than 10 points	Well done. Let's challenge another audio (unit).

Introductory remarks

symbol	meaning	example
N	noun	学生、温泉
イ A	i-adjective	寒い、かわいい
ナ A	na-adjective	好きな、上手な
V * V- る	verb *dictionary form of a verb	読む、行く、食べる
S	sentence	
F	Words that are only used in formal conversation	
C	Words that are only used in casual conversation	

About the translation

All of the conversation in Section 1 is translated into English, Chinese, and Vietnamese. In Section 2 and 3, translation of three languages are attached to the Words (vocabulary), "Expression (grammar) list" at the end of the book.

About the website

Within this book's website "Shadowing もっと話せる日本語 Web", you may use the following items:

① Audio files … Please playback based on the number of audio marks that are in the text.
② Self assessment sheet
③ Assessment sheet for a teacher

https://www.9640.jp/shadowing-motto/
➡Password: hanasu52B

本书的使用方法

"影子跟读",是一种跟随录音即刻发出声音后反复跟读的练习方法。曾被作为一种同声传译的基础训练方式,最近也逐渐被用于外语学习。反复地影子跟读后,可以达到以下的效果。**重点在于"反复"**。每天请尽可能地保持 **10 分钟左右的影子跟读**时间。

影子跟读的效果

①在实际的对话中,把已学并"理解"了的内容变成"会"运用的能力。
②能听懂在正常语速下说出的日语。
③掌握正确的发音及其韵律。

特 点

①能掌握基本的表达方式。

通过反复地影子跟读 N5 与 N4 级别的基本表达方式,能够掌握并流利地说出包含这些基本表达方式的句子及文章。

②能进行有条理的对话。

通过影子跟读**独白**与较长的**对话**,从短句子过渡到长句子,甚至是一个段落的长度也**能够流畅地说出来**。

③能学习不同角色下不同的说话方式。

对话的部分中,有**"与老师或上司的较正式的对话"**和**"与朋友或同事的日常对话"**两部分。通过这些对话可以自然地学习到,在相同内容下根据谈话的对方与场合来恰当使用对应的说话方式。

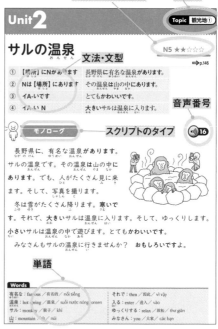

スクリプトの難易度　　トピック

スクリプトのタイプ

音声番号

単語

スタイルシフト

14

	フォーマル (です・ます) 会話 [先生や上司と話すとき]	カジュアル会話 [友人や同僚、家族と話すとき]
文末	温泉がたくさんありますよ。 いっしょに食べに行きませんか？ 歯医者に行ったんです。	温泉がたくさんあるよ。 いっしょに食べに行かない？ 歯医者に行ったの。
縮約形	秋葉原に行こうと思っているんです。 考えなければなりません。	秋葉原に行こうと思ってるの。 考えなきゃね。
助詞	花火を見ますか？ 佐藤さんはアイスが好きでしょう？ ピカチュウの声は、同じなんだそうですよ。	花火φ、見る？ 桜ちゃんはアイスφ好きでしょう？ ピカチュウの声って、同じなんだって。 φ＝省略を表す

4 能在多样的话题中学习。

　在各个单元中，展示了与日本文化相关的多种多样的话题。因此，在进行影子跟读的同时，还可以在对日本进行新的探索与发现。

5 能自我评价→请参考 p.16

本书的结构以及适用对象

本书面向的是初级～中级（N5, N4, N3）的日语学习者。此外，本书表达方式（句型和语法）的难度在初级到初中级的水平（N5、N4）。并致力于将学习者在**阅读后就能理解的难度的日语，在正常的语速下边听边发出声音进行影子跟读后，转化为学习者自己运用能力。**

章节	单元	スクリプトの難易度		内容
Section Ⅰ	Unit 0	★☆☆☆☆	入门（Pre-N5）	较短的对话 （寒暄及日常对话等）
Section Ⅱ	Uni 1-10	★★☆☆☆	初级上（N5）	独白・对话 （2种说话方式（正式 / 日常））
Section Ⅲ	Unit 11-23	★★★☆☆	初级下（N5-N4）	

影子跟读的练习方法

从哪一单元开始都可以。只练习一个单元中的其中一个部分也可以。根据自己的日语水平来试着选择一下。①**每天练习，** ②**在理解了内容的基础上进行影子跟读，** 这两点很重要。**练习时间的话，1天10分钟左右。** 光是模仿声音而不理解意思，也终究不会使用这个表达。所以，**请务必在"step2 意思确认"后，再进行影子跟读。**

Step 1	听力	不看脚本（课本内的独白及对话的原稿）听录音。然后大致理解一下内容。
Step 2	确认意思	看脚本，表达，单词，确认其意思。
Step 3	同倍速听读法	看着脚本，跟着听到的录音同倍速发声朗读。
Step 4	影子默读法	不看脚本。只挪动嘴形，不发出声音地影子跟读。
Step 5	轻声跟读法	不看脚本。小声地影子跟读听见的录音。
Step 6	重视语义的影子跟读	不看脚本。注意力集中在听到的录音上，边理解边进行影子跟读。
	重视发音的影子跟读	不看脚本。注意力集中在听到的录音上与韵律（发音与语调）上，进行影子跟读。

感觉到难的时候…
　　□ 选择稍微简单一点的级别。
　　□ 先不进行影子跟读，多听几遍录音。
　　□ 尽量用音量较小的声音进行影子跟读。
　　□ 把长句子分成短句子，听一句停一下进行影子跟读。
　　□ 用一些能够调整播放速度的应用程序，试着用较慢的速度进行影子跟读。

自我评价的方法

　　首先，用手机或者录音笔将自己影子跟读的声音录下来。其次，确认以下 3 点，①**是否正确说出了词汇和句子**，②**是否正确发音了**，③**是否紧跟节奏，并能流利地说出**。此外，边看脚本边听录音，试着用○标记或是划线标出没能够说好的部分。每确认一次时用不同颜色的笔来标记的话，还能感受到自己的提升。

Unit1

日本では、春にたくさんあいさつをします。

それは、春が「さようなら」と「はじめまして」の季節だからです。

3月には、卒業式があります。

❶ 正確に言葉や文が言えた	1	2	3	4	合計
❷ 正確に発音できた	1	2	3	4	
❸ 飛ばさずに、スムーズに言えた	1	2	3	4	／12点

❶ 能正确说出词汇与句子。
❷ 能正确发音。
❸ 能紧跟节奏，并流利地说出。

1…没做到
2…基本没做到
3…基本做到了
4…做的非常好

总分	评价
5 分以下	好像稍微有点难呢。首先，试着重复跟读法或者同倍速跟读法。能流利地进行同倍速跟读后，再试一次影子跟读法。
6～9 分	还差一点！试试影子默读法或者轻声跟读法。能流利地跟上的话，再试一次影子跟读法。也可以反复练习没有跟上的部分。
10 分以上	完成地非常好。再来挑战一下其他的录音（单元）吧。

示 例

符号	意思	例
N	名词	学生、温泉
イ A	イ形形容词	寒い、かわいい
ナ A	ナ形形容词	好きな、上手な
V * **V-る**	动词 *动词的原形	読む、行く、食べる
S	句子	
F	只在正式对话中出现的单词	
C	只在日常对话中出现的单词	

关于翻译

在第 1 章节的对话中，所有的句子都附上了英文，中文以及越南语的译文。在第 2 章节与第 3 章节中，单词以及本书最后的"表达（语法）表"的部分里，都带有上述 3 个国家的翻译。

关于网站

在本书的网站"Shadowing もっと話せる日本語 Web"中，以下内容可供使用。

①音频…请根据本文中的音频标识来播放。
②自我评价表
③教师评价表

https://www.9640.jp/shadowing-motto/
➡Password: hanasu52B

Cách sử dụng giáo trình này

"Shadowing" (nói theo) là phương pháp luyện tập lặp đi lặp lại thành tiếng ngay lập tức sau khi nghe âm thanh. Đây là phương pháp luyện tập cơ bản sử dụng trong kỹ thuật phiên dịch đồng thời, nhưng gần đây được sử dụng phổ biến trong việc học ngoại ngữ. Nếu chúng ta kiên trì lặp đi lặp lại shadowing, chúng ta sẽ có được những kết quả mong đợi như dưới đây. **Điểm quan trọng là việc "lặp đi lặp lại". Các bạn hãy cố gắng luyện tập shadowing khoảng 10 phút mỗi ngày nhé.**

Những hiệu quả của Shadowing
① "Ứng dụng được" trong hội thoại thực tế những cái chúng ta đã học và "hiểu".
② Nghe hiểu được tiếng Nhật nói ở tốc độ tự nhiên.
③ Trang bị cho bản thân kỹ năng phát âm và ngữ điệu chuẩn.

Đặc trưng

① "Vận dụng được" những cách nói cơ bản

Bằng cách luyện tập shadowing lặp đi lặp lại những mẫu câu cơ bản N5, N4, chúng ta sẽ tự nhiên nói được một cách lưu loát những câu, đoạn văn có chứa những mẫu câu đó.

② Có thể giao tiếp được một cách rõ ràng có chủ đề

Bằng việc shadowing những **bài tự thoại (độc thoại, một người nói)** và những **bài hội thoại dài (đối thoại)**, chúng ta sẽ có thể nói được một cách đa dạng từ **những câu văn ngắn đến những câu dài**, đi xa hơn nữa là những đoạn dài hơn.

③ Có thể học đa dạng nhiều thể loại

Trong các bài **hội thoại có những giao tiếp giữa bản thân với giáo viên hay cấp trên dùng "thể lịch sự (desu/masu)"**, cũng có những **hội thoại với bạn bè hoặc đồng nghiệp sử dụng "thể thông thường"**. Thông qua những bài hội thoại này, chúng ta có thể học được những cách nói phù hợp với đối tượng và hoàn cảnh.

Độ khó dễ lời thoại (script)   Chủ đề

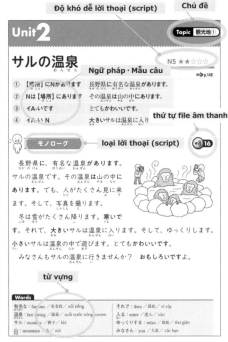

Unit 2   Topic 観光地①

サルの温泉

Ngữ pháp · Mẫu câu   N5 ★★☆☆☆   ➡ p.146

① 【場所】にNがあり 長野県に有名な温泉があります。
② Nは【場所】にあります その温泉は山の中にあります。
③ イA-いです とてもかわいいです。
④ イA-い N 大きいサルは温泉に入り

thứ tự file âm thanh

モノローグ   loại lời thoại (script)   🔊16

長野県に、有名な温泉があります。サルの温泉です。その温泉は山の中にあります。でも、人がたくさん見に来ます。そして、写真を撮ります。冬は雪がたくさん降ります。寒いです。それで、大きいサルは温泉に入ります。そして、ゆっくりします。小さいサルは温泉の中で遊びます。とてもかわいいです。みなさんもサルの温泉に行きませんか？ おもしろいですよ。

từ vựng

Words

有名な : famous / 有名的 / nổi tiếng	それで : then / 因此 / vì vậy
温泉 : hot spring / 温泉 / suối nước nóng, onsen	入る : enter / 进入 / vào
サル : monkey / 猴子 / khỉ	ゆっくりする : relax / 放松 / thư giãn
山 : mountain / 山 / núi	みなさん : you / 大家 / các bạn

đa dạng nhiều thể loại

ダイアローグ

フォーマル	カジュアル
[Situation] 留学生がホストマザーと来週の予定について話しています。 🔊17	[Situation] 友人同士が来週の予定について話しています。
ニック (留学生) ：来週、スキーに行きます。	クリス ：来週、スキーに行くんだー。
ホストマザー：スキーですか。いいですね。	メイ ：スキー？ いいね。
ニック ：はい、スキーは初めてです。	クリス ：うん、スキーは初めてなんだ。

	Hội thoại thể lịch sự (desu/masu) "khi nói với giáo viên hay cấp trên"	Hội thoại thông thường "khi nói với bạn bè, đồng nghiệp, gia đình"
Cuối câu	温泉がたくさんありますよ。 いっしょに食べに行きませんか？ 歯医者に行ったんです。	温泉がたくさんあるよ。 いっしょに食べに行かない？ 歯医者に行ったの。
Thể rút ngọn	秋葉原に行こうと思っているんです。 考えなければなりません。	秋葉原に行こうと思ってるの。 考えなきゃね。
Hạt	花火を見ますか？ 佐藤さんはアイスが好きでしょう？ ピカチュウの声は、同じなんだそうですよ。	花火φ、見る？ 桜ちゃんはアイスφ好きでしょう？ ピカチュウの声って、同じなんだって。 φ = thể hiện ý tỉnh lược

④ Được học về nhiều chủ đề

Từng bài nói về những chủ đề liên quan đến văn hóa Nhật Bản. Vì vậy, chúng ta có thể vừa luyện tập shadowing vừa phát hiện được những cái mới mẻ về Nhật Bản.

⑤ Có thể tự đánh giá bản thân → tham khảo trang 20

Đối tượng và cấu trúc của giáo trình này

Trình độ học viên tiếng Nhật thuộc đối tượng của giáo trình này là từ **sơ cấp đến trung cấp** (N5-N3). Mặt khác, mức độ khó dễ của những cách nói trong lời thoại (mẫu câu và ngữ pháp) là trình độ sơ cấp (N5-N4). **Nghe** và luyện shadowing (nói theo ngay) **những câu tiếng Nhật ở trình độ chúng ta đọc hiểu được, tốc độ tự nhiên** thì một lúc nào đó chúng ta sẽ "nói được" những cái đã học hay đã biết.

Section	Bài	Độ khó dễ lời thoại (script)		Nội dung
Section I	Unit 0	★☆☆☆☆	Nhập môn (Pre-N5)	**Những đoạn hội thoại ngắn** (chào hỏi và hội thoại thường ngày...)
Section II	Uni 1-10	★★☆☆☆	Tiền sơ cấp (N5)	**Tự thoại, hội thoại** (2 kiểu văn phong (lịch sự/ thông thường)
Section III	Unit 11-23	★★★☆☆	Hậu sơ cấp (N5-N4)	

Cách thức tiến hành Shadowing

Chúng ta có thể bắt đầu bất cứ chỗ nào trong bài. Chúng ta cũng có thể chỉ luyện tập một phần trong bài. Các bạn hãy lựa chọn những cái phù hợp với trình độ hoặc những cái các bạn muốn luyện tập. Điều quan trọng là, ①**luyện tập mỗi ngày**, ②**hiểu nội dung rồi mới shadowing**. Thời gian luyện tập, 1 ngày luyện tập chừng 10 phút. Những cái các bạn chưa hiểu, dù chúng ta có bắt chước theo âm thanh đi chăng nữa, cũng không thể sử dụng được cách nói đó. Nhất định **phải "hiểu ý nghĩa"** rồi mới luyện shadowing.

Step 1	Nghe	Chỉ lắng nghe mà không xem phần lời thoại (phần tự thoại hoặc hội thoại in trong giáo trình). Hơn nữa, chúng ta cần hiểu đại khái nội dung.
Step 2	Kiểm tra ý nghĩa	Xem và kiểm tra ý nghĩa của từ, mẫu câu, lời thoại.
Step 3	Đọc đồng bộ	Vừa xem lời thoại, vừa đọc theo cùng tốc độ với âm thanh nghe được.
Step 4	Shadowing thầm	Shadowing không xem phần lời thoại, chỉ cử động phần miệng, không phát ra âm thanh.
Step 5	Nhẩm trong miệng	Shadowing không xem phần lời thoại, nhẩm theo những âm thanh nghe được.
Step 6	Shadowing nội dung	Shadowing không xem phần lời thoại, hiểu nội dung và chú ý phần ý nghĩa những âm thanh nghe được.
	Shadowing ngữ điệu	Shadowing không xem phần lời thoại, chú ý phần phát âm và ngữ điệu (dấu nhấn và nhịp ngưng nghỉ)

Khi cảm thấy khó khăn thì...

☐ Chọn mức độ dễ hơn.
☐ Tạm thời dừng shadowing, nghe đi nghe lại nhiều lần.
☐ Hãy thử shadowing thầm trong miệng, không cần lớn tiếng.
☐ Có thể shadowing và dừng lại từng đoạn ngắn một.
☐ Dùng những ứng dụng để điều chỉnh tốc độ, thử shadowing ở một tốc độ chậm hơn.

Cách tự đánh giá bản thân

Đầu tiên hãy tự thu âm giọng shadowing của mình vào điện thoại hay máy thu âm. Sau đó kiểm tra xem, ① **mình đã nói được chính xác câu, chữ chưa?** ② **mình đã phát âm chính xác chưa,** ③ **đã nói được lưu loát mà không nhảy chữ chưa?** Sau đó, vừa nghe lại phần thu âm vừa xem phần lời thoại, đánh dấu ○ hoặc gạch chân những phần mà bản thân thấy chưa nói được tốt. Mỗi lần kiểm tra, dùng bút màu khác để đánh dấu, chúng ta sẽ thấy được mức độ tiến bộ của bản thân.

Unit 1

13

日本では、春にたくさんあいさつをします。
それは、春が「さようなら」と「はじめまして」の季節だからです。
3月には、卒業式があります。

❶ 正確に言葉や文が言えた	1	2	3	4	合計
❷ 正確に発音できた	1	2	3	4	
❸ 飛ばさずに、スムーズに言えた	1	2	3	4	／12点

❶ Nói được chính xác câu, chữ
❷ Phát âm được chính xác
❸ Nói được lưu loát mà không nhảy chữ

1... chưa được
2... chưa được lắm
3... khá tốt
4... rất tốt

Tổng số điểm	Đánh giá
Dưới 5 điểm	Có vẻ vẫn còn khá khó. Đầu tiên, hãy thử luyện tập lặp lại và đọc đồng bộ. Sau khi cảm thấy đọc đồng bộ trở nên dễ dàng hơn thì hãy thử luyện tập shadowing lại lần nữa.
Từ 6 đến 9 điểm	Cố gắng thêm một chút nữa. Hãy thử shadowing trong đầu và nhẩm trong miệng. Sau khi đã thực hiện một cách thông thạo hơn, hãy tự luyện tập shadowing một lần nữa. Ở những phần chưa nói thành thạo được, hãy luyện tập đi luyện tập lại nhiều lần.
Trên 10 điểm	Các bạn làm rất tốt. Hãy thử thách mình ở một bài nghe (bài học) khác.

Chú giải

Ký hiệu	Ý nghĩa	Ví dụ
N	danh từ	学生、温泉
イA	tính từ -i	寒い、かわいい
ナA	tính từ na	好きな、上手な
V * V- る	động từ * thể từ điển của động từ	読む、行く、食べる
S	câu	
F	những từ vựng xuất hiện chỉ trong hội thoại trang trọng	
C	những từ vựng xuất hiện chỉ trong hội thoại thông thường	

Về bản dịch

Hội thoại ở section 1 có kèm phần dịch tiếng Anh, tiếng Trung Quốc, tiếng Việt. Section 2 và section 3 thì có kèm phần dịch 3 thứ tiếng phần Words (từ vựng), "list mẫu câu (ngữ pháp)" ở cuối mỗi bài.

Về Website

Ở phần website của giáo trình này 『Shadowing もっと話せる日本語 Web』 (Web để nói tiếng Nhật tốt hơn), chúng ta có thể sử dụng được những phần sau.

① File âm thanh... Nghe âm thanh theo như chữ số có dấu hiệu âm thanh trong từng bài khóa
② Bảng tự đánh giá bản thân
③ Bảng đánh giá dành cho giáo viên

https://www.9640.jp/shadowing-motto/
➡Password: hanasu52B

21

あいさつ

Greetings
寒暄
Chào hỏi

◉人と会ったとき
<small>ひと　あ</small>

1️⃣ 朝、教室で学生と先生が会いました。
<small>あさ　きょうしつ　がくせい　せんせい　あ</small>

キ　ム：おはようございます。

先　生：あ、おはよう。
<small>せん　せい</small>

キ　ム：先生、今日は暑いですね。
<small>せんせい　きょう　あつ</small>

先　生：エアコンをつけますね。

2️⃣ 昼、知り合いと久しぶりに会いました。
<small>ひる　し　あ　ひさ　あ</small>

キ　ム：こんにちは。お久しぶりです。
<small>ひさ</small>

田　中：あ、お久しぶりです。いつ日本に戻りましたか?
<small>た　なか　ひさ　にほん　もど</small>

キ　ム：先週です。これ、おみやげです。どうぞ。
<small>せんしゅう</small>

田　中：わー、ありがとうございます。

3️⃣ 夜、知り合いと道で会いました。
<small>よる　し　あ　みち　あ</small>

キ　ム：こんばんは。

田　中：ああ、どうも、こんばんは。
<small>た　なか</small>

キ　ム：寒いですね。
<small>さむ</small>

田　中：そうですね。

4️⃣ アルバイト先の先輩に初めて会いました。
<small>さき　せんぱい　はじ　あ</small>

キ　ム：はじめまして。アルバイトのキムです。

先　輩：あ、キムさん。今日からですね。
<small>せん　ぱい　きょう</small>

キ　ム：はい。どうぞよろしくお願いします。
<small>ねが</small>

先　輩：こちらこそ、どうぞよろしくお願いします。
<small>せん　ぱい　ねが</small>

● When meeting someone ／ 与他人见面时 ／ Khi gặp người khác

The student and teacher saw each other in the classroom in the morning.	早晨、在教室里学生见到了老师。	Buổi sáng, giáo viên và học viên gặp nhau trong lớp học.
Kim: Good morning.	金：（老师，）早上好。	Kim: Chào thầy ạ.
Teacher: Oh, good morning.	老师：喔、早啊。	Thầy giáo: Ồ, chào em
Kim: It is hot today, isn't it?	金：老师、今天好热啊。	Kim: Thầy ơi, hôm nay nóng quá nhí.
Teacher: I'll turn on the air conditioning.	老师：开个空调吧。	Thầy giáo: Để thầy mở máy lạnh nhé.

During the day, Kim and Tanaka saw each other for the first time in a while.	上午、遇到了好久没见的朋友。	Buổi trưa, gặp lại người quen lâu ngày không gặp.
Kim: Good afternoon. It's been a while, hasn't it?	金：嘿、好久不见。	Kim: Chào chị. Lâu quá không gặp chị.
Tanaka: Yes it has. When did you come back to Japan?	田中：好久不见呢。什么时候回的日本呀。	Tanaka: A, chào em, lâu quá không gặp. Khi nào em quay lại Nhật Bản vậy?
Kim: Last week. Here is a souvenir for you.	金：上周。来、这是给你的礼物。	Kim: Dạ, tuần trước ạ. Em có chút quà cho chị. Gửi chị
Tanaka: Oh, thank you very much.	田中：哇、谢谢。	Tanaka: Ôi, cám ơn nhé.

Kim and Tanaka happened to run into each other on the street in the evening.	晚上、在路上遇见了朋友。	Buổi tối, gặp người quen trên đường.
Kim: Good evening.	金：晚上好。	Kim: Chào chị.
Tanaka: Oh, good evening.	田中：是你啊、晚上好。	Tanaka: Ồ, chào em.
Kim: It is cold, isn't it?	金：真冷啊。	Kim: Hôm nay lạnh chị nhí.
Tanaka: Yes, it is.	田中：是呢。	Tanaka: Ừ, lạnh nhí.

At her part-time job, Kim met a senior colleague for the first time.	金和兼职地方的前辈第一次见面。	Kim lần đầu tiên gặp sempai tại chỗ làm thêm.
Kim: How do you do? My name is Kim. I'm working part-time here.	金：你好、我是来兼职的小金。	Kim: Xin chào anh, em tên là Kim, em làm thêm
Senior: Oh, Kim san, you will start working today, right?	前辈：哦、小金。是从今天开始对吧。	Sempai: A, chào Kim. Hôm nay em bắt đầu à.
Kim: Yes, nice to meet you.	金：是的。请多关照。	Kim: Dạ vâng ạ. Mong anh chỉ bảo.
Senior: Nice to meet you, too.	前辈：我也是。请多关照。	Sempai: Có gì đâu em. Em cố gắng nhé.

◉帰るとき
　　かえ

⑤ アルバイト先で仕事が終わって帰ります。
　　　　さき　　しごと　お　　　　　かえ

　先　輩：キムさん、もう6時です。帰ってもいいですよ。
　せん　ぱい　　　　　　　　ろくじ　　　かえ

　キ　ム：あ、それではそろそろ帰ります。
　　　　　　　　　　　　　　　　かえ

　先　輩：お疲れさまでした。
　　　　　　つか

　キ　ム：お先に失礼します。
　　　　　　さき　しつれい

- -

⑥ 友人同士が、ごはんを食べて帰ります。
　　ゆうじんどうし　　　　　た　　　かえ

　キ　ム：今日は楽しかったですね。
　　　　　きょう　たの

　チョウ：そうですね。また会いましょう。
　　　　　　　　　　　　　　あ

　キ　ム：はい、ぜひ。楽しみにしています。
　　　　　　　　　　　たの

　チョウ：じゃ、また。

◉年末・年始
　ねんまつ　ねんし

⑦ 明日からお正月休みです。同僚にあいさつをして帰ります。
　　あした　　しょうがつやす　　　どうりょう　　　　　　　　かえ

　佐　藤：今年もお世話になりました。
　さ　とう　ことし　　せわ

　田　中：こちらこそ、お世話になりました。
　た　なか　　　　　　　せわ

　佐　藤：よいお年を。
　　　　　　　とし

　田　中：よいお年を。
　　　　　　　とし

- -

⑧ お正月が終わって、先生に会いました。
　　しょうがつ　お　　　せんせい　あ

　キ　ム：あけましておめでとうございます。今年もよろしくお願いし
　　　　　　　　　　　　　　　　　　　　　ことし　　　　　ねが
　　　　　ます。

　加　藤：あけましておめでとうございます。いいお正月でしたか？
　か　とう　　　　　　　　　　　　　　　　　　　　しょうがつ

　キ　ム：はい。おもちをたくさん食べたので、太りました。
　　　　　　　　　　　　　　　　た　　　　ふと

　加　藤：私もです。
　か　とう　わたし

● When going home／回去的时候／Trước khi về

Time to go home as part time work is finished.	兼职结束后准备回家。	Ở chỗ làm thêm sau khi làm xong công việc và chuẩn bị về.
Senior: Kim san, it is already 6 o'clock. You may go home.	前辈：小金，已经6点了。你可以回去了。	Sempai: Kim ơi, 6 giờ rồi em. Em về được rồi đấy.
Kim: Oh, then I will go home soon.	金：好，那我差不多就回去了。	Kim: A, vậy em chuẩn bị về ạ.
Senior: Thank you for your hard work.	前辈：辛苦了。	Sempai: Hôm nay em vất vả nhiều rồi.
Kim: Pardon me for leaving before you.	金：（前辈也辛苦了）我先走了。	Kim: Em xin phép về trước ạ.

Kim and Cho are friends, and they are about to go home after having dinner.	朋友之间吃完饭准备回去。	Bạn bè, sau khi cùng nhau ăn uống xong thì chuẩn bị về nhà.
Kim: It was fun today, wasn't it?	金：今天真开心啊。	Kim: Hôm nay vui quá!
Cho: Yes, it was. Let's get together again.	张：是呢。下次再聚！	Cho: Ừm, vui thật. Có gì mai mốt lại gặp nhé.
Kim: Yes, for sure. I look forward to it.	金：好的，一定。期待。	Kim: Ừm, nhất định. Mong gặp lại sớm.
Cho: See you then.	张：嗯，拜拜。	Cho: Vậy nhé, hẹn gặp lại.

● The end and beginning of the year／年末年始／Cuối năm-năm mới

New Year's vacation will start tomorrow. Sato greets his co-worker and goes home.	从明天起是正月的假期。和同事寒暄完后准备回去。	Ngày mai là nghỉ tết. Chào đồng nghiệp rồi về.
Sato: Thank you for everything you have done for me this year.	佐藤：今年承蒙你关照了。	Sato: Năm nay cám ơn anh rất nhiều.
Tanaka: Thank you, too.	田中：我也是，承蒙你关照了。	Tanaka: Cám ơn cậu rất nhiều.
Sato: Have a wonderful New Year.	佐藤：祝你过个好年。	Sato: Chúc anh ăn tết vui vẻ.
Tanaka: Have a wonderful New Year.	田中：你也是。	Tanaka: Chúc anh ăn tết vui vẻ.

After the New Year vacation, Kim saw her teacher.	正月的假期结束了，遇到了老师。	Hết tết, gặp lại giáo viên.
Kim: Happy New Year. Best wishes for this year.	金：（老师）新年好。今年也拜托您多多关照了。	Kim: Chúc cô năm mới vui vẻ ạ. Năm nay mong cô giúp đỡ em nhiều.
Kato: Happy New Year. Did you enjoy your New Year's vacation?	加藤：新年好。正月过的还好吗。	Kato: Chúc mừng năm mới. Em ăn tết vui không?
Kim: Yes. I ate a lot of rice cakes, so I gained weight.	金：嗯，吃了很多年糕，胖了。	Kim: Dạ, em ăn nhiều mochi (bánh giầy) quá nên mập ra.
Kato: Me too.	加藤：我也是。	Kato: Cô cũng vậy.

●家で
（いえ）

⑨ 留学生のニックさんはホームステイをしています。今から学校へ行きます。
（りゅうがくせい）　　　　　　　　　　　　　　　　　　　　　　　（いま）（がっこう）（い）

ニック：いってきます。

ホストマザー：いってらっしゃい。今日は何時に帰りますか？
　　　　　　　　　　　　　　　（きょう）（なんじ）（かえ）

ニック：6時ごろ帰ります。
　　　（ろくじ）（かえ）

ホストマザー：6時ごろですね。気をつけて。
　　　　　　（ろくじ）　　（き）

⑩ 家に帰ってきました。
（いえ）（かえ）

ニック：ただいま。

ホストマザー：おかえりなさい。疲れたでしょう？
　　　　　　　　　　　　　（つか）

ニック：はい。でも、大丈夫です。
　　　　　　　　（だいじょうぶ）

ホストマザー：手を洗って。晩ごはんにしましょう。
　　　　　　（て）（あら）（ばん）

⑪ ごはんを食べます。
　　　　（た）

ホストマザー：さあ、食べましょうか。
　　　　　　　　（た）

ニック：はい、いただきます。

ホストマザー：いただきます。

　　　　　　　……

ニック：ああ、おいしかったです。ごちそうさまでした。

⑫ ホストマザーとテレビを見ていて、寝る時間になりました。
　　　　　　　　　　　　（み）　　（ね）（じかん）

ホストマザー：もう11時ですね。
　　　　　　　（じゅういちじ）

ニック：じゃ、そろそろ寝ます。
　　　　　　　　　（ね）

ホストマザー：そうですね。おやすみなさい。

ニック：おやすみなさい。

● At home / 家里 / Ở nhà

The exchange student, Nick, is staying with a host family. He is about to go to school.	留学生尼克住在寄宿家庭里。现在去学校。	Du học sinh tên Nick ở homestay. Bây giờ anh ấy đến trường.
Nick: Good bye.	尼克：我走啦。	Nick: Con đi học đây.
Host mother: Good bye. What time are you coming home today?	寄宿家庭的母亲：路上小心。今晚几点回来？	Host mother: Con đi nhé. Hôm nay mấy giờ con về đến nhà?
Nick: I will be home around 6 o'clock.	尼克：大概6点左右回。	Nick: Dạ khoảng 6 giờ ạ.
Host mother: OK, 6 o'clock. Take care.	寄宿家庭的母亲：6点左右是吧。注意安全。	Host mother: Khoảng 6 giờ à? Con đi cẩn thận nhé.

Nick came home.	回到家了。	Về đến nhà
Nick: I am home.	尼克：我回来啦。	Nick: Con về rồi
Host mother: Welcome back. You must be tired, aren't you?	寄宿家庭的母亲：欢迎回来。累了吧？	Host mother: Con về rồi à. Có mệt không con?
Nick: Yes, but I am fine.	尼克：嗯。不过没事。	Nick: Dạ mệt. Nhưng không sao ạ.
Host mother: Go ahead and wash your hands. Let's have dinner.	寄宿家庭的母亲：洗洗手吃晚饭吧。	Host mother: Con rửa tay đi rồi ăn cơm tối.

Nick and his host mother are having dinner.	吃饭。	Ăn cơm
Host mother: Let's eat, shall we?	寄宿家庭的母亲：来，吃吧。	Host mother: Nào chúng ta ăn thôi.
Nick: Thank you for the dinner.	尼克：好，我开动了。	Nick: Dạ con mời ạ.
Host mother: I will begin to eat.	寄宿家庭的母亲：我也开动了。	Host mother: Mời cả nhà.

Nick: Oh, it was delicious. Thank you very much.	尼克：啊，好好吃。我吃饱了。	Nick: Ôi, ngon quá ạ. Con cám ơn vì bữa ăn.

Nick was watching TV with his host mother, and it is now time to go to bed.	和寄宿家庭的母亲一起看电视，到了睡觉的时间。	Cùng xem tivi với chị chủ nhà (host mother), đến giờ đi ngủ.
Host mother: It is already 11 o'clock.	寄宿家庭的母亲：已经11点了呢。	Host mother: Đã 11 giờ rồi nhỉ.
Nick: Then, I will go to bed soon.	尼克：那，差不多睡觉吧。	Nick: Dạ, con chuẩn bị đi ngủ.
Host mother: That's good. Good night.	寄宿家庭的母亲：嗯。晚安。	Host mother: Ừ, con đi ngủ đi. Ngủ ngon nhé.
Nick: Good night.	尼克：晚安。	Nick: Chúc cô ngủ ngon ạ.

日常会話
にちじょうかいわ

Daily conversation
日常对话
Chuyện hàng ngày

● 学校で
がっこう

[13] 学生同士が朝について話しています。
がくせいどうし あさ はな

山　口：朝は何時に起きますか？
やま ぐち あさ なんじ お

チョウ：6時です。
ろくじ

山　口：早いですね。
はや

チョウ：ええ。7時のバスに乗りますから。
しちじ の

- -

[14] クラスメートについて話しています。
はな

山　口：渡辺さんのクラスに留学生がいますか？
やま ぐち わたなべ りゅうがくせい

渡　辺：はい、10人ぐらいいますよ。
わた なべ じゅうにん

山　口：いいですね。私のクラスにはいません。
わたし

渡　辺：そうですか。残念ですね。
ざんねん

- -

[15] 授業について話しています。
じゅぎょう はな

山　口：日本語の授業は何曜日にありますか？
やま ぐち にほんご じゅぎょう なんようび

チョウ：月曜日と水曜日と金曜日にあります。
げつようび すいようび きんようび

山　口：へー、週に3回あるんですね。
しゅう さんかい

チョウ：はい。楽しいです。
たの

- -

[16] 勉強時間について話しています。
べんきょうじかん はな

山　口：毎日、日本語を勉強しますか？
やま ぐち まいにち にほんご べんきょう

チョウ：はい。毎日2時間ぐらい勉強します。
まいにちにじかん べんきょう

山　口：週末もですか？
しゅうまつ

チョウ：いいえ、週末はあまり勉強しません。でも、よく日本のドラマ
しゅうまつ べんきょう にほん
　　　　を見ます。
み

● At school／在学校／Ở trường học

Students are talking about morning activities.	学生之间在聊关于早晨的事情。	Bạn cùng học nói chuyện với nhau về buổi sáng.
Yamaguchi: What time do you get up in the morning?	山口：早上几点起的?	Yamaguchi: Buổi sáng thường thì mấy giờ cậu thức dậy?
Cho: 6 o'clock.	张：6点。	Chou: 6 giờ.
Yamaguchi: It is early, isn't it?	山口：真早啊。	Yamaguchi: Sớm vậy hả?
Cho: Yes, I catch the 7 o'clock bus.	张：嗯。得赶上7点的公交车。	Chou: Ừm, vì mình phải lên xe buýt lúc 7 giờ.

Students are talking about classmates.	在聊关于同班同学的事情。	Nói chuyện với nhau về bạn cùng lớp.
Yamaguchi: Are there exchange students in your class, Watanabe san?	山口：渡边，你们班有留学生么。	Yamaguchi: Lớp Watanabe có du học sinh không?
Watanabe: Yes, there are about 10 exchange students.	渡边：嗯，有10人左右吧。	Watanabe: Có, khoảng 10 người.
Yamaguchi: That sounds nice. There is no exchange student in my class.	山口：真好啊。我们班没有。	Yamaguchi: Thích quá ha. Lớp mình không có.
Watanabe: Is that right? That is too bad.	渡边：这样啊。可惜了。	Watanabe: Vậy hả. Tiếc quá ha.

Students are talking about the classes.	在聊关于上课的事情。	Nói chuyện về giờ học.
Yamaguchi: What days do you have Japanese classes?	山口：周几有日语课呀。	Yamaguchi: Thứ mấy có tiết tiếng Nhật vậy?
Cho: Monday, Wednesday, and Friday.	张：周一，三，五有。	Chou: Thứ hai, tư, sáu có tiết.
Yamaguchi: Oh, you have three times a week.	山口：喔，每周有3节啊。	Yamaguchi: Ồ, 1 tuần 3 lần cơ hả.
Cho: Yes, it is fun.	张：嗯，挺开心的。	Chou: Ừm, vui lắm.

Students are talking about study time.	在聊关于学习时间的事情。	Nói chuyện về thời gian học.
Yamaguchi: Do you study Japanese every day?	山口：你每天都学日语么。	Yamaguchi: Cậu có học tiếng Nhật mỗi ngày không?
Cho: Yes, I study about two hours every day.	张：嗯。每天大概学2小时左右吧。	Chou: Có, mỗi ngày học khoảng 2 tiếng.
Yamaguchi: During the weekend, too?	山口：周末也学吗?	Yamaguchi: Cuối tuần cũng học hả?
Cho: No, I don't study much during the weekend. But I often watch Japanese drama.	张：那倒不。周末基本不学习。不过，经常看日剧。	Chou: Không, cuối tuần thì không học. Nhưng mình thường xem phim Nhật.

05

17 留学生同士が明日のテストについて話しています。

　チ ョ ウ：明日はテストですね。

　キ　　ム：えっ、テストですか？

　チ ョ ウ：はい。漢字と文法のテストですよ。

　キ　　ム：たいへん！　これから勉強します。

18 授業が終わって、急いで片付けています。

　チ ョ ウ：もう帰るんですか？

　キ　　ム：はい。3時に友だちがうちに来ますから。

　チ ョ ウ：えっ、じゃあ、急いでください！　もう2時50分ですよ。

　キ　　ム：はい、走って帰ります！

19 友だちを買い物に誘っています。

　キ　　ム：明日、買い物に行きませんか？

　チ ョ ウ：いいですよ。

　キ　　ム：4時にフジデパートの前はどうですか？

　チ ョ ウ：はい。じゃ、明日の4時に会いましょう。

20 週末について話しています。

　山　　口：週末はどうでしたか？

　チ ョ ウ：とても楽しかったです。キムさんと秋葉原に行きました。

　山　　口：へー、秋葉原ですか。

　チ ョ ウ：はい。秋葉原でアニメグッズをたくさん買いました。そのあ
　　　　　　と、メイドカフェでお茶を飲みました。

Exchange students are talking about tomorrow's test.

Cho: There will be a test tomorrow, won't it?

Kim: What? Test?

Cho: Yes. Kanji and grammar tests.

Kim: Oh my gosh! I will study from now.

留学生们在聊明天的小测。

张：明天就是小测了啊。

金：嗯？小测吗？

张：对呀。汉字和语法的小测呀。

金：糟糕！现在开始学。

Du học sinh nói chuyện với nhau về bài kiểm tra ngày mai.

Chou: Ngày mai là kiểm tra rồi ha.

Kim: Ủa, kiểm tra há?

Chou: Ừm, kiểm tra Hán tự và ngữ pháp.

Kim: Chết thiệt! Giờ phải học thôi.

After the class, Kim is putting things away in a hurry.

Cho: Are you already going home now?

Kim: Yes, a friend of mine will be coming to my place at 3 o'clock.

Cho: Really? Then, you need to hurry up! It is already 2:50.

Kim: Yes, I will go home, running!

下课后、在匆忙整理中。

张：要回去了？

金：嗯、朋友3点要来家里。

张：啊、那、赶紧的！已经2点50了！

金：嗯、我冲回去！

Sau tiết học, vội vàng sắp xếp.

Chou: Ủa về há?

Kim: Ừm, vì 3 giờ bạn mình đến nhà.

Chou: Trời, vậy thì đi nhanh đi! 2 giờ 50 rồi.

Kim: Ừm, mình chạy về đây.

Kim is inviting Cho to go shopping.

Kim: Why don't we go shopping tomorrow?

Cho: Yes, it's OK.

Kim: How about meeting in front of the Fuji Department store at 4 o'clock?

Cho: Yes. Let's meet at 4 o'clock tomorrow then.

邀请朋友一起去购物。

金：明天去购物吗？

张：可以啊。

金：4点在富士商场的门口见怎么样？

张：好的。那就明天的4点见咯。

Rủ bạn đi mua sắm.

Kim: Ngày mai đi mua sắm không?

Chou: Ừm, đi.

Kim: Hẹn gặp lúc 4 giờ trước trung tâm thương mại Fuji, cậu thấy thế nào?

Chou: Ừm được. Vậy, gặp cậu 4 giờ ngày mai nhé.

Yamaguchi and Cho are talking about the weekend.

Yamaguchi: How was your weekend?

Cho: It was fun. I went to Akihabara with Kim san.

Yamaguchi: Oh, you went to Akihabara.

Cho: Yes, I bought a lot of anime goods in Akihabara. Afterwards we had tea at a maid café.

在聊周末的事。

山口：周末过的怎么样？

张：超开心！和金去了秋叶原。

山口：真好。秋叶原啊。

张：嗯、在秋叶原买了许多动漫的周边。然后、去了女仆咖啡店喝了茶。

Nói chuyện về cuối tuần.

Yamaguchi: Cuối tuần thế nào?

Chou: Rất vui. Mình đi với Kim đến Akihabara.

Yamaguchi: Ồ, đi Akihabara há?

Chou: Ừm. Ở Akihabara mình mua nhiều đồ vật anime. Sau đó tụi mình đi cà phê hầu gái để uống trà.

●職場で

21 同僚にお願いをしています。

田　中：ブラウンさん。すみませんが、あとで銀行と郵便局に行って
　　　　きてください。

ブラウン：はい。銀行は何時までですか？

田　中：3時までです。郵便局は5時までです。

ブラウン：はい、わかりました。

- -

22 夏休みの予定について話しています。

田　中：夏休みはどうしますか？

ブラウン：国に帰ります。

田　中：へー、何週間ぐらいですか？

ブラウン：3週間です。

- -

23 同僚に電話番号をたずねています。

ブラウン：すみません、市役所の電話番号は何番ですか？

田　中：ちょっと待ってくださいね。えーと、03の4568の9321です。

ブラウン：03の4568の9328ですね。

田　中：いえ、9321です。最後が1です。

- -

24 映画に誘っています。

ブラウン：仕事のあと、映画に行きませんか？

田　中：今日はちょっと…。

ブラウン：じゃ、土曜日はどうですか？

田　中：土曜日なら大丈夫です。

● At a workplace／职场里／Ở công ty

Tanaka is making a request to his colleague, Brown.	拜托同事帮忙时。	Nhờ đồng nghiệp
Tanaka: Brown san, sorry to bother you, but would you please go to the bank and post office later?	田中：布朗，不好意思，等会拜托你去趟银行和邮局。	Tanaka: Em Brown à. Tí nữa em đi ngân hàng và bưu điện giúp chị nhé.
Brown: Yes, until what time is the bank open?	布朗：好的。银行营业到几点呢?	Brown: Vâng ạ. Ngân hàng làm việc đến mấy giờ vậy chị?
Tanaka: It is open until 3 o'clock. Post office is open until 5 o'clock.	田中：3点。邮局是5点。	Tanaka: Đến 3 giờ em. Bưu điện thì đến 5 giờ.
Brown: Yes, I will.	布朗：好的，明白。	Brown: Vâng, em biết rồi ạ.

Tanaka and Brown are talking about their plans for summer vacation.	在聊关于暑假的打算。	Nói chuyện về kế hoạch nghỉ hè.
Tanaka: What are you going to do during the summer vacation?	田中：暑假有什么打算呀?	Tanaka: Nghỉ hè em định làm gì?
Brown: I am going back to my country.	布朗：回趟国。	Brown: Dạ, em định về nước ạ.
Tanaka: Is that right? For about how many weeks?	田中：喔，呆几周呢?	Tanaka: Ồ, em về khoảng mấy tuần?
Brown: 3 weeks.	布朗：3周吧。	Brown: Khoảng 3 tuần ạ.

Brown is asking his colleague, Tanaka, the phone number.	向同事询问电话号码。	Hỏi số điện thoại đồng nghiệp.
Brown: Excuse me, what is the phone number of the city hall?	布朗：不好意思，能问一下市政厅的电话是多少吗?	Brown: Xin lỗi chị, số điện thoại cơ quan hành chính thành phố là số mấy vậy ạ?
Tanaka: Please wait a second. Well, it is 03-4568-9321.	田中：稍等一下。是，03-4568-9321。	Tanaka: Em đợi chị chút nhé. Ừm, 03-4568-9321 nhé.
Brown: It is 03-4568-9328, right?	布朗：03-4568-9328，对吧。	Brown: 03-4568-9328, phải không ạ?
Tanaka: No, it is 9321. The last number is 1.	田中：不是。是9321。最后一位是1。	Tanaka: Không phải, 9321 em. Cuối cùng là số 1.

Brown is inviting Tanaka to go and see a movie.	邀请对方看电影。	Rủ đi xem phim
Brown: Why don't we go and see a movie after work?	布朗：下班后去看电影吗?	Brown: Sau giờ làm, chị đi xem phim với em không?
Tanaka: I am not able to go today....	田中：周五有点不太方便。	Tanaka: Hôm nay thì hơi khó em à...
Brown: Then, how about Saturday?	布朗：那，周六有时间吗	Brown: Vậy thứ 7 thì thế nào hả chị?
Tanaka: Saturday is OK.	田中：周六的话有空的。	Tanaka: Thứ 7 thì được.

◉店で

25 友人同士でTシャツを買いに来ました。

ケ　　オ：そのTシャツはいくらですか？

中　村：9,600円です。

ケ　　オ：えっ、高いですね。

中　村：この白いのは1,980円ですよ。

．．．

26 靴売り場に来ました。

ケ　　オ：わー、これ、カッコいいスニーカーですね。

中　村：そうですね。でも、高くないですか？

ケ　　オ：50％オフだから、12,000円ですよ。

中　村：それならいいですね。

．．．

27 コンビニで、たくさんのチョコレートを見つけました。

ケ　　オ：いろいろなチョコレートがありますね。

中　村：2月はデパートやスーパーでもたくさん売っていますよ。

ケ　　オ：どうしてですか？

中　村：2月14日がバレンタインデーだからですよ。

．．．

28 コンビニで、チョコレートを買います。

店　員：いらっしゃいませ。ポイントカードはお持ちですか？

客　：はい、あります。これです。

店　員：ありがとうございます。袋はいりますか？

客　：いいえ、大丈夫です。

● At a store／店里／Ở cửa hàng

Keo and Nakamura came to buy T-shirts together.	朋友一起来买T恤。	Đi mua áo thun với bạn.
Keo: How much is that T-shirt?	柯：那件T恤多少钱？	Keo: Áo đó bao nhiêu tiền vậy cậu?
Nakamura: It is 9,600 yen.	中村：9600日元。	Nakamura: 9,600 yên.
Keo: What? It is expensive, isn't it?	柯：呃，真贵啊。	Keo: Ôi, mắc quá.
Nakamura: This white one is 1,980 yen.	中村：这件白色的1980日元哦。	Nakamura: Áo trắng này thì 1,980 yên đó.

Section I

They came to the shoe store.	来了卖鞋区。	Đi đến quầy bán giày
Keo: Wow, these are cool-looking sneakers.	柯：哇，这双运动鞋真酷啊。	Keo: Ôi, đôi giày bata này đẹp quá ha.
Nakamura: Yes, but aren't they expensive?	中村：是呢。不过，不贵吗？	Nakamura: Ừm, đẹp ha. Nhưng cậu có thấy mắc không?
Keo: It is 50% off, so 12,000 yen.	柯：打了半折，才12000日元呢。	Keo: giảm 50%, còn lại 12.000 yên.
Nakamura: That's OK then.	中村：那确实挺好。	Nakamura: Vậy thì cũng được.

At a convenient store, Keo found many different kinds of chocolate.	在便利店看到许多巧克力。	Tìm thấy nhiều sô cô la trong cửa hàng tiện lợi.
Keo: There are variety of chocolates.	柯：好多巧克力啊。	Keo: Có nhiều sô cô la quá ha.
Nakamura: In February, a lot of chocolate is sold at supermarkets as well as department stores.	中村：2月，商场或超市都在大量贩卖呢。	Nakamura: Vào tháng 2 thì người ta bán nhiều sô cô la ở siêu thị và trung tâm thương mại lắm.
Keo: How come?	柯：为什么？	Keo: Ủa sao vậy?
Nakamura: Because February 14 is Valentine's Day.	中村：2月14日是情人节嘛。	Nakamura: Vì ngày 14 tháng 2 là ngày lễ Valentine đó.

A customer buys chocolate at a convenient store.	在便利店买巧克力。	Mua sô cô la ở cửa hàng tiện lợi.
Salesperson: Welcome. Do you have the point card?	店员：欢迎光临。您有积分卡吗？	Nhân viên: Chào chị ạ. Chị có thẻ tích điểm không?
Customer: Yes, I do. Here it is.	顾客：嗯，有的。这个。	Khách: À, có em. Đây em.
Salesperson: Thank you. Do you need a bag?	店员：谢谢。您需要袋子吗？	Nhân viên: Cám ơn chị. Chị có cần túi đựng không ạ?
Customer: No, I don't.	顾客：哦，不用了。	Khách: Không cần, em.

●友だちの家で

29 アパートに友人が遊びに来ました。

ブラウン：マイさんのアパート、すてきですね！

マ　　イ：ありがとうございます。ちょっと古いですが…。

ブラウン：でも、広くて明るいですよ。

マ　　イ：ええ、駅からも近くて便利です。

....

30 アパートの中を見せています。

マ　　イ：ここがキッチンです。

ブラウン：わー、新しい電子レンジとトースターがありますね。

マ　　イ：はい。でも、食洗機はありません。ちょっと不便です。

ブラウン：私のアパートにも食洗機はありませんよ。

....

31 昼ごはんの時間になりました。

マ　　イ：そろそろお昼ですね。サンドイッチを作りますね。

ブラウン：私も手伝います。

マ　　イ：中に何を入れましょうか。

ブラウン：ハムとチーズはどうですか？

....

32 昼ごはんを食べながら話をしています。

マ　　イ：ブラウンさんの誕生日はいつですか？

ブラウン：10月8日です。

マ　　イ：ああ、10月4日ですね？

ブラウン：いいえ、8日です。10月8日。

● At a friend's house／在朋友的家里／Ở nhà bạn

Brown, a friend, came to visit Mai's apartment.	朋友来家里玩。	Bạn đến căn hộ chơi.
Brown: Your apartment looks wonderful!	布朗：你住的公寓真不错啊！	Brown: Căn hộ của Mai đẹp quá!
Mai: Thank you. It is a little old, but....	麻衣：谢谢。就是有点旧…	Mai: Cám ơn. Nhưng nó hơi cũ rồi...
Brown: It is spacious and bright.	布朗：但是挺宽敞明亮的呀。	Brown: Nhưng rộng rãi, sáng sủa.
Mai: Yes, it is convenient, too, as it is close to the station.	麻衣：嗯，离车站近，倒是挺方便的。	Mai: Ừm, cũng gần ga nữa nên tiện lợi lắm.

Mai is showing inside her apartment to Brown.	（向朋友）展示公寓内部中。	Giới thiệu trong nhà
Mai: Here is the kitchen.	麻衣：这是厨房。	Mai: Đây là nhà bếp.
Brown: Oh, you have a new microwave and toaster.	布朗：哇，新的微波炉和吐司机！	Brown: Ôi, có cả lò vì sóng và lò nướng mới quá.
Mai: Yes, but I don't have a dishwasher. It is a little inconvenient.	麻衣：嗯。但没有洗碗机。有点不方便。	Mai: Ừm, nhưng không có máy rửa chén. Hơi bất tiện một tí.
Brown: I don't have a dishwasher at my apartment, either.	布朗：我住的公寓也没有洗碗机呢。	Brown: Căn hộ mình cũng không có máy rửa chén.

Now it is lunch time.	到了午餐时间。	Đến bữa trưa.
Mai: It is almost lunch time. I will make sadwiches.	麻衣：差不多中午了呢。做个三明治吧。	Mai: Sắp đến bữa trưa rồi. Để mình làm bánh mì sandwich nhé.
Brown: I will help you.	布朗：我也来帮忙。	Brown: Để mình phụ.
Mai: What shall I put in the sandwich?	麻衣：在里面加什么好呢。	Mai: Cho cái gì vào bây giờ?
Brown: How about ham and cheese?	布朗：熏火腿肉片和芝士怎么样。	Brown: Cho thịt nguội và phô mai, thấy thế nào?

They are talking while eating lunch.	边吃午餐边聊天。	Vừa ăn trưa vừa nói chuyện.
Mai: When is your birthday, Brown san?	麻衣：布朗，你的生日是什么时候呀。	Mai: Sinh nhật Brown khi nào thế?
Brown: It is October 8th.	布朗：10月8号。	Brown: ngày 8 tháng 10.
Mai: Oh, October 4th?	麻衣：哦哦，10月4号啊。	Mai: Ô, ngày 4 tháng 10 à?
Brown: No, it is 8th. October 8th.	布朗：不是，是8号。10月8号。	Brown: Không, ngày 8. Ngày 8 tháng 10.

37

●町で

[33] 美術館に行く途中で、猫を見つけました。

チョウ：あ、あそこに猫がいますよ。

山　口：えっ、どこですか？

チョウ：あの赤い車の下です。

山　口：本当だ！　かわいいですね。

- -

[34] 美術館に着きました。

チョウ：どこかにコインロッカーがありませんか？

山　口：あ、あそこにありますよ。

チョウ：じゃあ、入る前に荷物を入れましょうか。

山　口：はい、そうしましょう。

- -

[35] 美術館を出たあと、おなかがすきました。

チョウ：おなかがすきました。

山　口：何か食べましょうか。

チョウ：あのレストランはどうですか？

山　口：いいですね。

- -

[36] 落とし物を拾って交番に来ました。

チョウ：すみません、あそこの公園にこの財布が落ちていたんですが…。

警察官：ああ、ありがとうございます。公園のどの辺でしたか？

チョウ：トイレのそばでした。

警察官：そうですか。では、ここにお名前と電話番号を書いてください。

● In town／街上／Ở thành phố

Cho and Yamaguchi found a cat on their way to the art museum.	去美术馆的路上遇见了猫。	Trên đường đi bảo tàng mỹ thuật thì trông thấy con mèo.
Cho: Oh, there is a cat over there.	张：看，那边有只猫。	Chou: A, ở đằng kia có con mèo kìa.
Yamaguchi: Where is it?	山口：诶，哪里？	Yamaguchi: Đâu, ở đâu vậy?
Cho: Under the red car.	张：那台红色的汽车下面。	Chou: Ở dưới xe màu đỏ kia kìa.
Yamaguchi: I see it! Cute, isn't it?	山口：真的！好可爱啊。	Yamaguchi: Thấy rồi, dễ thương ha.

They arrived at the art museum.	到了美术馆。	Đến bảo tàng mỹ thuật.
Cho: Is there a coin locker some-where?	张：哪里有可以寄存的地方吗？	Chou: Ở đây có tủ gửi đồ không nhỉ?
Yamaguchi: Yes, it is over there.	山口：看，在那边有哦。	Yamaguchi: À, ở đằng kia có kìa.
Cho: Then, shall we put our luggage in the locker before going into the art museum?	张：那，进去前先去寄存吧？	Chou: Vậy, mình gửi đồ trước khi vào nhé.
Yamaguchi: Yes, let's do that.	山口：好的，一起去吧。	Yamaguchi: Ừm, tính vậy đi.

They were hungry after leaving the art museum.	从美术馆出来后，肚子饿了。	Ra khỏi bảo tàng mỹ thuật, bụng đói.
Cho: I am hungry.	张：肚子饿了。	Chou: Đói bụng quá!
Yamaguchi: Shall we eat some-thing?	山口：去吃点什么吧？	Yamaguchi: Mình ăn gì đi.
Cho: How about that restaurant over there?	张：那边那家餐厅怎么样？	Chou: Nhà hàng kia cậu thấy thế nào?
Yamaguchi: It sounds good.	山口：不错！	Yamaguchi: Được đấy.

Cho picked up a wallet left on the ground and went to the police box.	捡到钱包交到派出所	Nhặt đồ đánh rơi và đưa đến đồn cảnh sát.
Cho: Excuse me, this wallet was in that park over there.	张：您好，我在那边的公园里捡到了这个钱包…	Chou: Dạ, ở công viên đằng kia ai đó đánh rơi cái bóp này.
Police officer: Oh, thank you very much. Where in the park did you find it?	警察：啊，谢谢您。是在公园的哪个位置呢？	Cảnh sát: Ôi, cảm ơn chị. Chị nhặt được chỗ nào ở công viên vậy?
Cho: It was close to the toilet.	张：洗手间的附近。	Chou: Dạ kế bên nhà vệ sinh.
Police officer: Is that right? Then please write your name and phone number here.	警察：这样啊。那，麻烦您在这里填写一下您的名字和电话。	Cảnh sát: Thế à? Vậy chị ghi tên và số điện thoại vào đây nhé.

●病気のとき

37 風邪をひいたので、薬局に薬を買いに来ました。

田　中：すみません。風邪薬がほしいんですが。

店　員：あちらの棚にありますよ。

田　中：えっと、どこですか？

店　員：あ、ご案内します。こちらへどうぞ。

---

38 病気で休むために会社に電話しました。

田　中：昨夜から39℃の熱が出ていまして…。

ブラウン：えっ？　それは大変ですね。

田　中：すみませんが、今日はお休みします。

ブラウン：わかりました。お大事にしてください。

---

39 病院の受付に来ました。

受　付：今日はどうされましたか？

田　中：おとといから熱があって…。おなかも痛いんです。

受　付：そうですか。では、保険証をお願いします。

田　中：はい、これです。

---

40 ブラウンさんは病院にお見舞いに来ました。

ブラウン：田中さん、こんにちは。

田　中：あ、ブラウンさん。お見舞いに来てくれたんですか？

ブラウン：はい。体調はいかがですか？

田　中：だいぶよくなりました。ありがとうございます。

40

● When being sick／生病时／Khi bị bệnh

Tanaka caught a cold, so went to buy medicine at a pharmacy.	感冒了，去药店买药。	Vì bị cảm nên đi đến nhà thuốc mua thuốc.
Tanaka: Excuse me. I want cold medicine.	田中：不好意思，请问有感冒药吗？	Tanaka: Anh ơi, em muốn mua thuốc cảm.
Salesperson: They are on the shelf over there.	店员：在那边的柜子上摆着呢。	Nhân viên: Ở kệ đàng kia có đó em.
Tanaka: Well, where are they?	田中：呃、在哪呢？	Tanaka: Dạ, ở đâu ạ?
Salesperson: Oh, I will show you. Please come this way.	店员：啊，我带您去。这边请。	Nhân viên: À, để anh chỉ cho. Đi hướng này em.

Tanaka was taking a day off due to the sickness and called the compay.	生病了，打电话向公司请假。	Gọi điện đến công ty xin nghỉ vì bị bệnh
Tanaka: Since last night, I have had fever of 39 degrees.	田中：不好意思，昨晚开始发烧到39度…	Tanaka: Từ đêm hôm qua chị bị sốt 39 độ...
Brown: What? You must be having a hard time.	布朗：诶？那还真不容易啊。	Brown: Ôi! khổ thân chị.
Tanaka: I am sorry but I will be absent today.	田中：抱歉，今天请个假。	Tanaka: Xin lỗi, hôm nay chị xin nghỉ.
Brown: I understand. Please take care of yourself.	布朗：明白了。你多保重。	Brown: Dạ, em biết rồi. Chị giữ gìn sức khỏe nhé.

Tanaka came to the hospital reception.	在医院挂号。	Đến quầy nhận bệnh trong bệnh viện.
Reception: What is wrong with you today?	前台：请问您是什么症状呢？	Nhận bệnh: Chị bị sao thế ạ?
Tanaka: I have had fever since the day before yesterday... and I also have a stomachach.	田中：从前天开始发烧…肚子也痛。	Tanaka: Từ ngày hôm kia em bị sốt.. Bụng cũng đau nữa.
Reception: Is that right? Then please show me your health insurance.	前台：这样啊。那，麻烦出示一下健康保险证。	Nhận bệnh: Thế à? Chị cho em xin thẻ bảo hiểm.
Tanaka: Yes, here it is.	田中：好，给。	Tanaka: Đây chị ạ.

Brown came to visit Tanaka at the hospital.	布朗来医院看望。	Brown đến bệnh viện thăm bệnh.
Brown: Hi, Tanaka san.	布朗：嘿、田中。	Brown: Chào chị Tanaka.
Tanaka: Oh, Brown san. You came to visit me?	田中：诶。布朗。你是来看望我的吗。	Tanaka: A, Brown. Em đến thăm chị đấy à?
Brown: Yes. How are you feeling?	布朗：嗯、身体怎么样了？	Brown: Dạ, chị thấy trong người thế nào rồi ạ?
Tanaka: Much better. Thank you very much.	田中：好多了。谢谢。	Tanaka: Cũng đỡ hơn nhiều rồi em. Cám ơn em.

41

●旅行のとき

41 空港のリムジンバスのチケットカウンターで。

観 光 客：すみません。東京駅まで大人1枚お願いします。

スタッフ：次のバスは6時20分ですが、よろしいですか？

観 光 客：はい。

スタッフ：2,800円です。10番乗り場に行ってください。

42 空港のインフォメーションカウンターで。

観 光 客：あのう、成田エクスプレスに乗りたいんですが…。

スタッフ：あのエスカレーターで地下1階に行ってください。

観 光 客：乗り場はすぐわかりますか？

スタッフ：はい、大きい看板がありますよ。

43 駅のきっぷ売り場で。

観 光 客：すみません。新幹線の切符が買いたいんですが…。

駅 　 員：そこの券売機で買ってください。

観 光 客：券売機はよくわかりません。

駅 　 員：じゃ、みどりの窓口がいいですね。こちらへどうぞ。

44 駅の改札口で。

観 光 客：すみません。新幹線の乗り場はどこですか？

駅 　 員：どこに行きますか？

観 光 客：仙台です。やまびこ 157 号に乗ります。

駅 　 員：ああ、東北新幹線ですね。やまびこ 157 号は 23 番線ですよ。

● When traveling／旅游时／Đi du lịch

At the airport shuttle bus ticket counter	在机场的豪华巴士的售票处。	Ở quầy vé xe buýt limousine sân bay.
Tourist: Excuse me. I'd like to get one adult ticket to Tokyo station.	游客：你好，我需要一张到东京车站的票。	Khách du lịch: Anh ơi, anh cho em 1 vé đến ga Tokyo.
Staff: The next bus will depart at 6:20. Is it OK?	工作人员：下一趟车是6点20分出发，您看可以吗？	Nhân viên: Chuyến tiếp theo 6 giờ 20 phút, được không ạ?
Tourist: Yes.	游客：好的。	Khách du lịch: Dạ được.
Staff: It is 2,800 yen. Please go to number 10 bus stop.	工作人员：2800日元。请去10号乘车处。	Nhân viên: Dạ, 2.800 yên. Chị đi đến trạm số 10 nhé.

....

At the airport information counter	在机场咨询处。	Quầy thông tin sân bay.
Tourist: Well, I'd like to get on Narita express....	游客：你好，我想乘坐成田机场快线，请问怎么走呢。	Khách du lịch: Anh ơi, em muốn đi chuyến Narita express...
Staff: Please use that escalator over there and go to the first basement floor.	工作人员：请走那台自动扶梯到地下1楼。	Nhân viên: Chị đi xuống B1 ở thang cuốn đằng kia nhé.
Tourist: Can I find the platform easily?	游客：能立马知道哪个是乘车处吗？	Khách du lịch: Có thấy ngay trạm xe không anh?
Staff: Yes, there is a large signboard.	工作人员：是的，有一块很大的指示牌。	Nhân viên: Dạ, có bảng chỉ dẫn to lắm chị.

....

At the ticket window of the station	在车站的售票处。	Quầy bán vé ở ga.
Tourist: Excuse me. I'd like to buy a bullet train ticket....	游客：不好意思，我想买新干线的车票，请问…	Khách du lịch: Xin lỗi, em muốn mua vé Shinkansen...
Station attendant: Please buy it at the ticket machine there.	车站工作人员：请到那边的自动售票机购买。	Nhân viên nhà ga: Chị mua vé ở máy bán vé đằng kia nhé.
Tourist: I am not sure how to use the ticket machine.	游客：我有点不太会用自动售票机。	Khách du lịch: Em không có biết rõ cách mua.
Station attendant: Then Green Counter would be better. Please come this way.	车站工作人员：那，去绿色窗口会比较好。请跟我来。	Nhân viên nhà ga: Vậy chị muốn mua ở quầy phải không ạ? Mời chị đi đằng này ạ.

....

At the ticket barrier of the station	在车站的闸机口。	Ở cửa soát vé ga.
Tourist: Excuse me. Where is the bullet train platform?	游客：不好意思，请问新干线的乘车处在哪里呢？	Khách du lịch: Anh ơi, lối lên Shinkansen ở đâu ạ?
Station attendant: Where are you going?	车站工作人员：请问是坐去哪的车？	Nhân viên nhà ga: Chị đi đâu ạ?
Tourist: I am going to Sendai. I will be riding Yamabiko 157.	游客：仙台。坐的是山彦号157号。	Khách du lịch: Em đi Sendai. Đi chuyến Yamabiko 157 ạ.
Station attendant: Oh, it is Tohoku Bullet Train. Yamabiko 157 will be leaving from the platform 23.	车站工作人员：哦哦，是东北新干线啊。山彦号157号的话在23号线。	Nhân viên nhà ga: À, Tohoku Shinkansen. Yamabiko 157 ở đường tàu số 23 ạ.

45 成田空港からタクシーで。

運転手：どちらまでですか？

観光客：浅草までお願いします。

運転手：高速道路で行きますか？

観光客：いいえ、普通の道でお願いします。

---

46 観光しているときに道に迷いました。

観光客：すみません。金閣寺に行きたいんですけど、よくわからなくて…。

男の人：この道をまっすぐ行ってください。右側にありますよ。

観光客：はい、ありがとうございました。

男の人：どういたしまして。お気をつけて。

---

47 ホテルにチェックインします。

受付：いらっしゃいませ。今晩お泊まりでしょうか。

観光客：はい、キム・スヨンです。1泊予約してあります。

受付：［PC画面を見て］キム・スヨン様ですね。パスポートをお願いします。

観光客：はい、どうぞ。

---

48 部屋のカードキーをもらいます。

受付：お部屋は617号室です。こちらがお部屋のカードキーです。

観光客：ありがとうございます。

受付：あちらのエレベーターで6階まで行ってください。

観光客：わかりました。

English	中文	Tiếng Việt
A tourist is getting on a taxi at Narita Airport.	在成田机场坐出租车。	Đi taxi từ sân bay Narita
Taxi driver: Where are you going?	司机：您到哪里？	Tài xế: Chị đi đâu ạ?
Tourist: To Asakusa, please.	游客：麻烦到浅草。	Khách du lịch: Cho tôi đến Asakusa.
Taxi driver: Would you like to go on a highway?	司机：走高速吗？	Tài xế: Chị có muốn dùng đường cao tốc không ạ?
Tourist: No, please go on a regular road.	游客：不了，普通的路线就好。	Khách du lịch: Không, anh đi đường thường nhé.
A tourist got lost while sightseeing.	观光时迷路了。	Bị lạc đường khi tham quan.
Tourist: Excuse me. I'd like to go to Kinkaku-ji, but not sure how to get there....	游客：不好意思。我想去金阁寺，但是有点不知道怎么走…	Khách du lịch: Dạ, tôi muốn đi đến Kinkakuji (Kim Các Tự) nhưng không biết rõ đường lắm.
Man: Please go straight on this road. It is on the right side.	男性：顺着这条路直走。就在右侧哦。	Người nam: Chị đi thẳng đường này nhé. Nó nằm ở bên phải.
Tourist: Yes, thank you so much.	游客：好的，谢谢您。	Khách du lịch: Vâng, cám ơn anh.
Man: You're welcome. Take care.	男性：不客气，路上小心。	Người nam: Không có chi. Chị đi đường cẩn thận nhé.
A tourist is checking into the hotel.	在酒店办理入住。	Check in khách sạn.
Reception: Welcome. You are staying here tonight, right?	前台：欢迎光临。请问是今晚入住吗？	Tiếp tân: Xin chào ạ. Chị nghỉ lại khách sạn đêm nay phải không ạ?
Tourist: Yes, my name is Kim Sooyeon. I made a reservation for one night.	游客：是的，（预约人的名字是）金素妍。预约了一晚。	Khách du lịch: Vâng, tôi là Kim Suyeon. Tôi đặt 1 đêm.
Reception: [Looking at a PC screen] Ms. Kim Sooyeon, please show me your passport.	前台：[看着电脑屏幕] 金素妍女士是吗。麻烦您出示一下您的护照。	Tiếp tân: [Xem màn hình] Chị Kim Suyeon phải không ạ? Chị cho em xin passport ạ.
Tourist: Yes, here it is.	游客：好，给。	Khách du lịch: Đây ạ.
The tourist receives a card key for her room.	拿房间的房卡。	Nhận thẻ phòng
Reception: Your room is 617. Here is the card key.	前台：您的房间是617号。这是您房间的房卡。	Tiếp tân: Phòng 617 ạ. Đây là chìa khóa phòng chị ạ.
Tourist: Thank you.	游客：谢谢。	Khách du lịch: Cám ơn anh.
Reception: Please go to the 6th floor by the elevator over there.	前台：请坐那边的电梯到6楼。	Tiếp tân: Chị dùng thang máy đằng kia và lên tầng 6 nhé.
Tourist: Yes, thank you.	游客：好的。	Khách du lịch: Vâng, cám ơn anh.

ここから Section II と III では、長めの話や長めの会話に挑戦します。
モノローグ（独話）とダイアローグ（会話）を練習しましょう。

From here, in Section II and III, you will challenge longer stories and conversation. Please practice monologue (speaking to oneself) and dialogue (conversation).

从章节2、3开始，将会挑战较长的独白与对话。一起来练习独白与对话吧。

Từ phần này trở đi là Section II và III, chúng ta cùng thử thách với những đoạn văn và đoạn hội thoại dài hơn. Chúng ta hãy luyện tập những bài tự thoại (độc thoại) và những bài đối thoại (hội thoại).

モノローグ
Monologue
独白
Tự thoại

一人でシャドーイングします。

Practice shadowing by yourself. ／独自进行影子跟读。
Các bạn hãy shadowing một mình.

ダイアローグ
Dialogue
对话
Đối thoại

二人でシャドーイングします。（一人でしてもいいです）

Practice shadowing between two people.
(You may do it on your own.)
两个人一起进行影子跟读（一个人也可以）
Hai người cùng luyện tập shadowing.
(Cũng có thể luyện tập một người)"

➡ 「フォーマル（です・ます）」会話……先生や上司、知り合いなどと話す

"Formal (desu, masu)" conversation ...talking with a teacher, boss, acquaintance, etc.
"较正式的"对话…与老师，上司或者熟人说话。
Những hội thoại lịch sự (desu/masu) ... khi nói chuyện với giáo viên, người trên, người quen...

➡ 「カジュアル」会話……家族や友人、同僚、親しい人などと話す

"Casual" conversation ... talking with family, friends, coworks, people you are close to, etc.
"日常的"对话…与家人，朋友，或者亲近的人说话。
Những hội thoại thông thường ... khi nói chuyện với gia đình, bạn bè, đồng nghiệp, những người thân thiết...

相手や場面によって使われる言葉や話し方が違うことに注意して練習しましょう。

Practice while paying attention to the different words and the speech style used, depending on the person you talk to and the situation.
注意说话的对方和场合不同，用词和说话方式也会不同，来练习吧。
Khi luyện tập chú ý về sự thay đổi về cách nói, cách dùng từ tùy theo đối phương và ngữ cảnh.

あいさつ
Greetings
寒暄
Chào hỏi

N5 ★★☆☆☆

see▶ p.148

① あいさつ　　はじめまして　　　　　どういたしまして
　　　　　　　　よろしくお願いします　　お久しぶりです
　　　　　　　　ありがとう（ございました）
　　　　　　　　さようなら

 モノローグ

🔊 13

　日本では、春にたくさんあいさつをします。それは、春が「さようなら」と「はじめまして」の季節だからです。

　3月には、卒業式があります。それで、「さようなら」や「ありがとう」をたくさん言います。少しさびしいです。4月には、入学式があります。「はじめまして」や「よろしくお願いします」をたくさん言います。自己紹介もたくさんします。

　みなさんの国では、いつ、たくさんあいさつをしますか？

Words

春：spring ／春天／ mùa xuân

たくさん：a lot ／许多／ nhiều

あいさつ：greetings ／寒暄／ Chào hỏi

季節：season ／季节／ thời tiết

卒業式：graduation ceremony ／毕业典礼／ lễ tốt nghiệp

それで：then ／因此／ vì vậy

少し：a little bit ／稍微／ một chút

さびしい：lonely ／感到孤单的／ buồn

入学式：entrance ceremony ／开学典礼／ lễ nhập học

自己紹介：self introduction ／自我介绍／ tự giới thiệu

みなさん：you ／大家／ các bạn

国：country ／国家／ đất nước

いつ：when ／什么时候／ khi nào

ダイアローグ

フォーマル

Situation 高校のときのクラスメートと久しぶりに会いました。 🔊14

森　　：あ、青木さん！

青木　：わー、森さん。**お久しぶりです。**

森　　：**お久しぶりです。** 元気ですか？

青木　：はい、元気です。森さんは？

森　　：はい、僕も元気です。大阪の大学はどうですか？

青木　：勉強は大変ですが、毎日楽しいです。

森　　：僕は福岡の専門学校でがんばっています。グラフィックデザインの学校なんですが、おもしろいです。

青木　：へー、そうですか。あ、8月のクラス会のお知らせ、**ありがとうございました。**

森　　：どういたしまして。楽しみですね。

青木　：はい、とても楽しみです。8月、**よろしくお願いします。**

森　　：こちらこそよろしくお願いします。

Words

高校：senior high school ／高中／ trường phổ thông

F クラスメート：classmate ／同班同学／ bạn cùng lớp

久しぶり：It has been a while (since I saw you). ／好久不见／ lâu quá không gặp

会う：to see ／见面／ gặp

元気な：fine ／有活力的／ khỏe

大阪：Osaka ／大阪／ Osaka

大変：difficult ／辛苦，不容易／ vất vả

楽しい：fun ／感到快乐的／ vui

福岡：Fukuoka ／福冈／ Fukuoka

専門学校：technical school ／专业学校／ trường chuyên môn

がんばる：try hard ／努力／ cố gắng

グラフィックデザイン：graphic design ／平面设计／ thiết kế đồ họa

おもしろい：interesting ／有趣的／ thú vị

クラス会：class reunion ／班会／ họp lớp

48

カジュアル

Situation　高校のときの友だちと久しぶりに会いました。

小川 ：あ、木田さん！

木田 ：わー、小川くん。**久しぶり！**

小川 ：**久しぶり！**　元気？

木田 ：うん、元気。小川くんは？

小川 ：うん、僕も元気。大阪の大学はどう？

木田 ：勉強は大変だけど、毎日楽しいよ。

小川 ：僕は福岡の専門学校でがんばってるよ。グラフィックデザインの学校なんだけど、おもしろいよ。

木田 ：へー、そう。あ、8月のクラス会のお知らせ、**ありがとう。**

小川 ：**いえいえ。**楽しみだね。

木田 ：うん、とても楽しみ。8月、**よろしくね。**

小川 ：**こちらこそよろしくね。**

お知らせ：notification ／通知／ thông báo
楽しみ：look forward to ／期待／ mong chờ

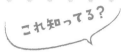
これ知ってる？

がんばります

I'll do my best. ／我会加油的！／Cố gắng

　日本人はよく「がんばります」というフレーズを使います。自己紹介の最後には、よく「がんばります」と言います。また、「がんばれ！」や「がんばって！」は、相手を励ましたり、オリンピックで選手を応援したりするときに使います。「がんばります」は、目標に向かって最後まで力を出すという意味です。このフレーズを使うときに、下のイラストのようなポーズをすることもあります。みなさんはどんなポーズをしますか？

Japanese people often use the phrase "Ganbarimasu (I'll do my best)." At the end of the self-introduction, they often say "Ganbarimasu (I'll do my best)." Also, the phrases such as "Do your best" or "Please do your best" can be used when encouraging others, cheering Olympic athletes, etc. When using these phrases, people would pose like the illustration below. What kind of pause would you take?

日本人经常会使用"がんばります"这个短语。在自我介绍的最后经常会说"がんばります"。另外，在鼓励对方，为奥林匹克选手打气的时候会说"がんばれ！"，"がんばって！"。"がんばります"的意思是，为了实现目标而全力以赴。使用这个短语时，有时会做以下插图中的姿势。大家通常会做哪种姿势呢？

Người Nhật thường sử dụng cụm từ "Gambarimasu" (tôi sẽ cố gắng). Sau mỗi lần phát biểu thì người ta cũng hay nói "gambarimasu". Ngoài ra, khi muốn động viên đối phương, cổ vũ vận động viên Olympic thì người ta sử dụng "Gambare!" (Cố lên) hoặc "Gambatte!" (Cố gắng lên!). "Gambarimasu" có nghĩa là hướng đến mục tiêu, cố gắng hết sức. Khi sử dụng cụm từ này, người ta cũng làm những cử chỉ như trong hình minh họa bên trên. Các bạn thì làm những cử chỉ như thế nào?

サルの温泉
おんせん
Hot Spring for Monkeys
猴子温泉
Suối nước nóng khỉ

N5 ★★☆☆☆

see p.148

① 【場所】にNがあります　　長野県に有名な温泉があります。
　　　ばしょ　　　　　　　　　　なが の けん　ゆうめい　おんせん

② Nは【場所】にあります　　その温泉は山の中にあります。
　　　　　　ばしょ　　　　　　　おんせん　やま　なか

③ イA-いです　　　　　　　　とてもかわいいです。

④ イA-い N　　　　　　　　大きいサルは温泉に入ります。
　　　　　　　　　　　　　　おお　　　　　おんせん　はい

 モノローグ ◀))16

　長野県に、有名な温泉があります。
　なが の けん　ゆうめい　おんせん
サルの温泉です。その温泉は山の中に
　　　おんせん　　　　おんせん　やま　なか
あります。でも、人がたくさん見に来
　　　　　　　　　ひと　　　　　　　み　き
ます。そして、写真を撮ります。
　　　　　　　しゃしん　と
　冬は雪がたくさん降ります。寒いで
　ふゆ　ゆき　　　　　　ふ　　　　さむ
す。それで、大きいサルは温泉に入ります。そして、ゆっくりします。
　　　　　おお　　　　　おんせん　はい
小さいサルは温泉の中で遊びます。とてもかわいいです。
ちい　　　　　おんせん　なか　あそ
　みなさんもサルの温泉に行きませんか？　おもしろいですよ。
　　　　　　　　　　おんせん　い

Words

長野県：Nagano prefecture／長野县／tỉnh Nagano なが の けん	降る：fall (snows)／降（雪）／rơi ふ
有名な：famous／有名的／nổi tiếng ゆうめい	それで：then／因此／vì vậy
温泉：hot spring／温泉／suối nước nóng, onsen おんせん	入る：enter／进入／vào はい
サル：monkey／猴子／khỉ	ゆっくりする：relax／放松／thư giãn
山：mountain／山／núi やま	みなさん：you／大家／các bạn
たくさん：a lot／许多／nhiều	
そして：then／然后／và rồi	
（写真を）撮る：take (photos)／拍（照）／chụp しゃしん　と　　　　　　　　　　　　（hình）	

Section II

51

フォーマル

Situation　留学生がホストマザーと来週の予定について話しています。

ニック（留学生）：来週、スキーに行きます。

ホストマザー：スキーですか。**いいですね。**

ニック　　　：はい、スキーは初めてです。

ホストマザー：どこに行きますか？

ニック　　　：長野です。

ホストマザー：長野県には、温泉がたくさん**あります**よ。サルの温泉も

　　　　　　　あります。

ニック　　　：えっ、サルが温泉に入るんですか？

ホストマザー：そうですよ。

ニック　　　：**おもしろい**温泉ですね。では、私も長野でサルの温泉に

　　　　　　　行きます！

Words

F 留学生：exchange student ／留学生／ du học
　　sinh

F ホストマザー：host mother ／寄宿家庭的母亲／
　　nữ chủ nhà (host mother)

C 友人同士：friends ／朋友之间／ bạn bè với
　　nhau

来週：next week ／下周／ tuần sau

予定：schedule ／计划／ kế hoạch

話す：talk ／说／ bàn bạc

スキー：ski ／滑雪／ trượt tuyết

いい：good ／好的／ thích quá

初めて：for the first time ／第一次／ lần đầu tiên

長野県：Nagano prefecture ／长野县／ tỉnh
　　Nagano

温泉：hot spring ／温泉／ suối nước nóng, onsen

たくさん：a lot ／许多／ nhiều

サル：monkey ／猴子／ khỉ

えっ：what! ／诶！／ Hả?

52

カジュアル

Situation 友人同士が来週の予定について話しています。

クリス ：来週、スキーに行くんだー。

メイ　：スキー？　いいね。

クリス ：うん、スキーは初めてなんだ。

メイ　：どこに行くの？

クリス ：長野。

メイ　：長野県には、温泉がたくさんあるよ。サルの温泉もあるよ。

クリス ：えっ、サルが温泉に入るの？

メイ　：そうだよ。

クリス ：おもしろい温泉だね。じゃあ、僕も長野でサルの温泉に行く！

入る：enter ／进入／ vào

おもしろい：interesting ／有趣的／ hay, thú vị

C じゃあ：then ／那就／ vậy thì

C 僕：I (a boy referring to himself) ／我（男性自称）／ mình, tớ

足湯
Footbath ／足汤／ Ashiyu

この人たちは何をしているのでしょうか。

答えは「足湯に入っている」です。足湯というのは、足だけをお湯の中に入れることです。日本には足湯のある温泉地がたくさんあって、無料で入れるところも少なくありません。温泉に足を入れているだけで、体がぽかぽか温まってリラックスできます。ふつう温泉旅館のお風呂は男湯と女湯に分かれています。でも、足湯なら男の人も女の人もいっしょに入れるし、服を脱がなくてもいいから気軽に楽しめますよ。ドライブやピクニックの帰り道に足湯があったら、最高です！

What are they doing? The answer is they are putting their feet in a foot bath. A foot bath is where you only put your feet in hot water. There are many hot springs in Japan with foot baths. For quite a few foot baths, you can get in for free. Your body gets warmer and you can relax just by putting your feet in hot water. Usually, baths in hot spring inns are separated by gender. However, foot baths are mixed-gender, which means people can enjoy themselves together and relax without taking off your clothes. It would be the best if you can find foot baths on your way home from driving, picnic, etc.

这些人在做什么呢？答案是"他们正在泡足汤"。足汤是指，只将脚浸入温泉中的活动。在日本有许多温泉地都有足汤，能够免费体验的地方也不少。只是把脚浸入温泉里，身子就会变得热乎乎从而感到很放松。一般，温泉酒店会将浴池分为男士用与女士用。不过，足汤的话，不论是男士还是女士都可以一起泡，并且也不需要脱去外衣，可以轻松地享用。如果在驾车旅行或者野餐过后有一个足汤，那真是太棒了！

Những người này thì họ đang làm gì? Câu trả lời là "họ đang ngâm chân". Ashiyu có nghĩa là ngâm chân vào trong nước nóng. Ở Nhật Bản, có nhiều suối nước nóng có hồ ngâm chân, có thể dùng miễn phí. Chỉ cần bỏ chân ngâm trong nước nóng, cơ thể ấm lên và có thể thư giãn được. Thường thì suối nước nóng trong những khách sạn Nhật Bản thường chia ra suối nước nóng dành cho nam và nữ. Nhưng, ngâm chân thì nam nữ có thể sử dụng chung, chỉ cần cởi giầy và ngồi thư giãn thoải mái. Trên đường về sau những buổi dã ngoại hoặc picnic mà dừng lại ngâm chân thì tuyệt vời không gì bằng!

寿司
すし

Sushi
寿司
Sushi

N5 ★★☆☆☆

see p.149

① V-たことがあります　　みなさんも食べたことがありますか?

② N1とN2　　生の魚とごはんで作ります。

③ ～たら、～　　日本に行ったら、ぜひ食べてみてください。

 モノローグ  🔊19

　日本の食べ物は外国でも有名です。たとえば、寿司、天ぷら、ラーメンなどです。みなさんも食べたことがありますか?

　日本人は、よく魚を食べます。魚は、生でも食べます。寿司は、生の魚とごはんで作ります。そして、しょうゆとわさびで食べます。日本の寿司は、外国人にも人気があります。日本には、回転寿司の店がたくさんあります。安い寿司もあります。日本に行ったら、ぜひ食べてみてください。

Section II

Words

外国：foreign country ／外国／ nước ngoài

有名な：famous ／有名的／ nổi tiếng

たとえば：for example ／比如／ ví dụ như

天ぷら：tempura ／天妇罗／ tempura

ラーメン：ramen ／拉面／ ramen

よく：often ／经常／ thường hay

生：raw ／生的(熟的反义)／ sống

そして：then ／然后／ và rồi

しょうゆ：soy sauce ／酱油／ shoyu, nước tương

わさび：wasabi ／芥末／ mù tạc, wasabi

外国人：foreigner ／外国人／ người nước ngoài

人気な：popular ／热门的／ ưa thích

回転寿司：conveyor belt sushi ／回转寿司／ sushi quay vòng

店：shop ／店／ nhà hàng

ぜひ：certainly ／一定／ nhất định

フォーマル

Situation クラスメートを晩ごはんに誘っています。 20

中村：ケオさん、今晩、いっしょにごはんを食べに行きませんか？

ケオ：いいですね。

中村：ケオさんは、何が好きですか？

ケオ：お寿司が好きです。

中村：では、回転寿司に行きましょう。いいお店があるんです。

ケオ：回転寿司ですか？　まだ一度も行ったことがないんですけど…。

中村：えっ、本当ですか？

ケオ：注文が難しそうなので…。

中村：ああ、でも大丈夫ですよ。今晩お店に行ったら、いっしょに注文しましょう。

ケオ：ありがとうございます。サーモンとイクラもありますか？

中村：もちろんありますよ。サーモンとイクラが好きなんですか？

ケオ：はい、大好きなんです。楽しみです。では、今晩はよろしくお願いします。

Words

晩ごはん：dinner ／晚餐／ bữa tối	まだ：not yet ／还未／ chưa
誘う：invite ／邀请／ rủ, mời	一度も〜ない：never ／一次都没 〜／ chưa lần nào
今晩：tonight ／今晚／ tối nay	
いっしょに：together ／一起／ cùng nhau	本当：true ／真正的／ thật
いい：good ／好的／ thích quá	注文：order ／点单／ gọi món
じゃ：then ／那／ vậy thì	難しい：difficult ／难的／ khó
回転寿司：conveyor belt sushi ／回转寿司／ sushi quay vòng	大丈夫な：alright ／没事／ không sao
	サーモン：salmon ／三文鱼／ cá hồi
お店：shop ／店铺／ nhà hàng	イクラ：salmon roe ／鲑鱼子／ trứng cá hồi

カジュアル

Situation 友だちを晩ごはんに誘っています。
とも　ばん　　　　さそ

渡辺：ケオさん、今晩、いっしょにごはん食べに行かない？
わたなべ　　　　　こんばん　　　　　　　　　　　た　　い

ケオ：いいね。

渡辺：ケオさんは、何が好き？
　　　　　　　　　なに　す

ケオ：お寿司かな。
　　　　す し

渡辺：じゃ、回転寿司に行こう。いいお店があるんだ。
　　　　　かいてん ず し　い　　　　　　　みせ

ケオ：回転寿司？　まだ一度も行ったことがないんだけど…。
　　　かいてん ず し　　　　いち ど　い

渡辺：えっ、本当？
　　　　　ほんとう

ケオ：注文が難しそうだから…。
　　　ちゅうもん　むずか

渡辺：ああ、でも大丈夫だよ。今晩お店に行ったら、いっしょに注文
　　　　　　　だいじょう ぶ　　　こんばん みせ　い　　　　　　　　　ちゅうもん
　　　しよう。

ケオ：ありがとう。サーモンとイクラもある？

渡辺：もちろんあるよ。サーモンとイクラが好きなの？

ケオ：うん、大好きなんだ。楽しみだなー。じゃあ、今晩はよろしく
　　　　　だい す　　　　　たの　　　　　　　　　　　こんばん
　　　ね。

もちろん：of course ／当然／tất nhiên
大好きな：my favorite ／非常喜欢的／rất thích
だい す
楽しみ：look forward to ／期待／thích
たの

Section II

57

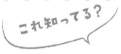
これ知ってる？

キャラ弁
Kyaraben ／角色便当／ Kyaraben

日本の「Bento」は海外でも有名です。日本のお弁当にはユニークなものが多く、いろいろな種類があります。見てかわいいし、食べておいしいし、体にいいです。また、日本らしさや日本の食文化も楽しめます。だから、外国人にも人気があります。

「キャラ弁」という言葉を聞いたことがありますか？　キャラ弁は「キャラクター」と「弁当」をいっしょにして、短くしたものです。ごはんやおかずが人気アニメのキャラクターや、動物や車の形などになっていて、作る人も食べる人も楽しめるお弁当です。みなさんも、ぜひキャラ弁を作ってみませんか。

Japanese "Bento" is well-known overseas. There are a number of unique bento and variety of bento in Japan. They look cute, deilcious, and good for health. You can also experience and enjoy Japaneseness and Japanese food culture, which is why it is popular among foreigners.
Have you ever heard the word, "Charaben"? It is a shortened word combining "character" and "bento." It is a bento that people enjoy making as well as eating, because the food looks like popular anime characters, animals, the shape of the car, etc. Why don't you try making Charaben?

日本的"便当"在海外也很有名。日本的便当有许多独特的款式和种类。它们看起来可爱，吃起来美味，对身体也有益。另外，也能享受到日本特色与日本的饮食文化。因此，它也很受外国人欢迎。你听过"角色便当"这个词吗？角色便当是将日语的"角色"与"便当"这两个词的缩写合并在一起形成的缩略词。它由米饭和配菜被制成了受欢迎的动漫角色、动物或车辆的形状，制作和食用它的人都能享受到。大家不妨也尝试着做做看角色便当吧？

"Bento" Nhật Bản nổi tiếng khắp cả thế giới. Trong bento Nhật Bản có nhiều thứ rất lạ, và nhiều chủng loại. Xem rất đẹp mắt, ăn rất ngon, tốt cho cơ thể. Ngoài ra, có thể cảm nhận và thưởng thức được văn hóa ẩm thực Nhật Bản và chất Nhật. Vì vậy rất được người nước ngoài ưa chuộng. Các bạn đã từng nghe từ "Kyaraben" bao giờ chưa? Từ "Kyaraben" là từ được kết hợp từ hai từ "character" (nhân vật) và từ "bento" sau đó rút gọn lại. Cơm và đồ ăn được nắn thành hình những nhân vật hoạt hình, những hình hài động vật và xe, là loại bento mà cả người làm và người ăn đều rất thích thú. Các bạn hãy nhất định hãy thử làm kyara ben xem.

日本の季節
にほん きせつ
Seasons in Japan
日本的四季
Mùa ở Nhật Bản

N5 ★★☆☆☆

see▶p.149

① 【人】が／も います　　　　　「季節」を「シーズン」という人もいます。
　　 ひと　　　　　　　　　　　　　　 きせつ　　　　　　　　　　　　ひと

② N1やN2　　　　　　　　　　　「桜の季節」や「花見シーズン」です。
　　　　　　　　　　　　　　　　 さくら きせつ　 はなみ

③ V-ることが／も できます　　めずらしいまつりを楽しむことができます。
　　　　　　　　　　　　　　　　　　　　　　　　　　たの

 モノローグ

 🔊22

　日本には、四つの季節があります。
　にほん　　 よっ きせつ

春、夏、秋、冬です。「季節」を「シ
はる なつ あき ふゆ　 きせつ

ーズン」という人もいます。
　　　　　　 ひと

　春は「桜の季節」や「花見シーズ
　はる さくら きせつ　 はなみ

ン」です。夏は「花火の季節」や
　　　　　 なつ はなび きせつ

「浴衣のシーズン」です。秋は「紅葉の季節」で、冬は「スキーシーズ
 ゆかた　　　　　　　　　 あき こうよう きせつ　　 ふゆ

ン」です。

春　　夏　　秋　　冬
はる　 なつ　 あき　 ふゆ

　それぞれの季節で、おいしい食べ物やめずらしいまつりを楽しむこと
　　　　　　 きせつ　　　　　 た もの　　　　　　　　　　　 たの

ができます。

Words

季節：seasons ／季节／ mùa, thời tiết きせつ	めずらしい：rare ／罕见的／ hiếm
シーズン：season ／季节／ mùa	まつり：festival ／祭典／ lễ hội
桜：cherry blossom ／樱花／ sakura, hoa Anh Đào さくら	楽しむ：enjoy ／享受／ vui, thưởng thức たの
花見：flower viewing ／赏樱／ ngắm hoa はなみ	
花火：firework ／烟花／ pháo hoa はなび	
浴衣：yukata (cotton kimono) ／浴衣／ Yukata ゆかた	
紅葉：leaves changing color ／红叶／ lá đỏ, lá phong こうよう	
スキー：ski ／滑雪／ trượt tuyết	
それぞれ：each ／各自的／ từng	

フォーマル

[Situation] クラスメート同士が日本の夏について話しています。 23

グエン（留学生）：日本の夏は本当に暑いですね。

伊藤：そうですね。でも、夏には楽しいことがたくさんありますよ。
　　　夏が好きな人もいます。

グエン：夏に何がありますか？

伊藤：たとえば、花火大会や盆踊りがあります。

グエン：日本人は夏に浴衣を着ますよね。とても素敵です。

伊藤：そうですね。花火大会やまつりで浴衣を着る人もいます。

グエン：でも、私は浴衣がありません。残念です。

伊藤：大丈夫ですよ。浴衣は**借りることもできますよ**。今度、いっ
　　　しょに浴衣を着て、花火を見に行きましょう。

グエン：えー、本当ですか？　楽しみです。

Words

F クラスメート同士：classmates／同班同学之间
／bạn cùng lớp

C 友人同士：friends／朋友之间／bạn bè với
nhau

夏：summer／夏天／mùa hè

本当に：truly／真／thật

暑い：hot／热的／nóng

楽しい：enjoyable／感到快乐的／vui

たくさん：a lot／许多／nhiều

たとえば：for example／比如／ví dụ như

花火大会：firework festival／烟花大会／lễ hội
pháo hoa

盆踊り：Bon festival dance／盂兰盆舞蹈／múa
Obon

浴衣：yukata (cotton kimono)／浴衣／Yukata

着る：wear／穿／mặc

素敵な：lovely／美好的／dễ thương

残念な：unfortunate／遗憾的／tiếc

カジュアル

Situation 友人同士が日本の夏について話しています。
ゆうじんどうし　にほん　なつ　はな

(()) 24

グエン（留学生）：日本の夏は本当に暑いね。
りゅうがくせい　にほん　なつ　ほんとう　あつ

メイ　：そうだね。でも、夏には楽しいことがたくさんあるよ。夏が
なつ　たの　なつ

好きな人もいるし。
す　ひと

グエン：夏に何があるの？
なつ　なに

メイ　：たとえば、花火大会や盆踊りがあるよ。
はな び たいかい　ぼんおど

グエン：日本人は夏に浴衣を着るよね。すごく素敵。
にほんじん　なつ　ゆかた　き　すてき

メイ　：そうだね。花火大会やまつりで浴衣を着る人もいるよ。
はな び たいかい　ゆかた　き ひと

グエン：でも、私は浴衣がないんだ…。残念だな。
わたし　ゆかた　ざんねん

メイ　：大丈夫だよ。浴衣は**借りることもできる**よ。今度、いっしょ
だいじょうぶ　ゆかた　か　こんど

に浴衣を着て、花火を見に行こう。
ゆかた　き　はな び　み　い

グエン：えー、本当？　楽しみ。
ほんとう　たの

Section II

大丈夫な：alright ／没事／ không sao
だいじょうぶ
借りる：borrow ／借／ mượn
か
今度：next time ／下次／ lần tới
こんど
いっしょに：together ／一起／ cùng nhau
見に行く：go and see ／去看／ đi xem
み い
楽しみ：look forward to ／期待／ thích
たの

新年のあいさつ
しんねん

New Year's greetings ／ 新年的问候 ／ Chào năm mới

日本には、新年に「年賀状」を送る習慣があります。親戚や友だち、お世話
になった人などに送ります。年賀状で、「去年一年間、ありがとう。そして、
今年もよろしく」という気持ちを伝えます。年賀状には、新年のあいさつとし
て「謹賀新年」「迎春」「明けましておめでとうございます」「本年もよろし
くお願い申し上げます」などの言葉を書きます。この習慣から、人と人とのつ
ながりを大切にしていることがわかります。でも、最近では新しいスタイルと
して、年賀状ではなくスマホで新年のあいさつをする人も増えています。

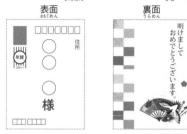

In Japan it is customary to send a New Year's postcard in the New Year. It is usually sent
to relatives, friends, and those who took care of you, etc. By a New Year's postcard, you
may convey a message such as, "Thank you very much for what you did for me last year.
Best wishes for the coming year." In a New Year's postcard, you may also write, "Happy
New Year," "Welcome Spring," "Best wishes for the coming year," etc. You can tell by
these words that this custom values the relationship between people. Recently, however,
many people use a smartphone for a new year's greetings instead of a New Year's post-
card.

在日本，有一个传统习俗是在新年时寄送"贺年卡"。寄给亲戚和朋友，以及照顾过自己的人。
贺年卡上会写上"去年一年，谢谢你。今年也请多多关照"这样的语句来传达自己的心意。写
在年贺状上的新年问候语有"恭贺新年"、"迎春"、"新年快乐"、"请多关照"等等。这个习俗体
现出人与人之间珍视彼此的联系。不过，最近也出现了一种新的形式，许多人开始不再用贺年
卡，而是通过手机来发送新年的问候。

Ở Nhật Bản, dịp năm mới người ta có thói quen gửi "thiệp chúc tết". Người ta gửi cho bạn
bè, người thân, những người đã giúp đỡ cho họ. Trong thiệp chúc tết người ta thường gửi
gắm "những lời cảm ơn, và những lời chúc phúc trong dịp năm mới". Trong thiệp chúc tết,
người ta thường viết những câu như "Cung chúc tân niên" "Nghênh xuân" "Chúc mừng năm
mới" "Năm mới mong được giúp đỡ". Từ thói quen này chúng ta có thể thấy được thái độ
tôn trọng mối quan hệ giữa người và người. Tuy nhiên, những năm gần đây, như một cách
thức mới, có nhiều người sử dụng điện thoại thông minh để chúc mừng thay cho thiệp chúc
tết.

アニメのキャラクター

Anime Characters
动漫角色
Nhân vật hoạt hình

N5 ★★☆☆☆

see▶p.149

①	ナA-です	どのアニメのキャラクターが**好き**ですか？
②	イA-くて、～	**黄色**くて、**小さ**くて、**声**もかわいいです。
③	Sそうです	ピカチュウの**声**は、**世界**のどの**国**でも**同**じだそうです。

 モノローグ　🔊25

　みなさんは、どのアニメのキャラクターが**好き**ですか？　ドラえもんですか？　ピカチュウですか？　それとも、チョッパーですか？　マンガやアニメには、たくさんかわいいキャラクターがいます。

　ピカチュウは、**世界中**で**人気**があります。**黄色**くて、**小さ**くて、**声**もかわいいです。ピカチュウの**声**は、**世界**のどの**国**でも**同**じだそうです。ピカチュウの「ピカチュウ！」や「ピカピーカ？」などの**声**は、とてもかわいいです。

Words

みなさん：you ／大家／ các bạn
アニメ：animation ／动漫／ Anime, hoạt hình
キャラクター：character ／角色／ nhân vật
ドラえもん：Doraemon ／哆啦A梦／ Đôrêmon
ピカチュウ：Pikachu ／皮卡丘／ Pikachu
チョッパー：Chopper ／乔巴／ Chopper
マンガ：comics ／漫画／ truyện tranh, manga
たくさん：a lot ／许多／ nhiều
世界中：the whole world ／世界各地／ khắp thế

giới
人気な：popular ／受欢迎的／ ưa thích
黄色い：yellow ／黄色的／ vàng
小さい：small ／小的／ nhỏ
声：voice ／声音／ tiếng nói
世界：world ／世界／ thế giới

ダイアローグ

フォーマル

Situation お店で、クラスメート同士が好きなキャラクターについて話し
ています。 🔊 26

伊藤 ：クリスさん。このキャラクター、かわいいですね。

クリス ：そうですね。とてもかわいいですね。伊藤さんは、どのキャ
ラクターが一番好きですか？

伊藤 ：私ですか？　うーん。『ポケモン』のピカチュウが一番好き
です。クリスさんは？

クリス ：私は『ONE PIECE』のチョッパーが一番好きです。

伊藤 ：私も好きです。とてもやさしくて、素直ですよね。

クリス ：そうですね。伊藤さんは、どうしてピカチュウが好きなんで
すか？

伊藤 ：私はピカチュウの声がとても好きなんです。

クリス ：かわいいですよね。

伊藤 ：ピカチュウの声は、世界中で同じなんだそうですよ。

Words

お店：shop ／店铺 ／nhà hàng	うーん：well.. ／嗯…（表思考中的语气）／ừm
F クラスメート同士：classmates ／同班同学之间 ／bạn cùng lớp	『ポケモン』：Pokemon ／《宝可梦》／ Pokemon
C 友人同士：friends ／朋友之间 ／bạn bè với nhau	ピカチュウ：Pikachu ／皮卡丘 ／Pikachu
キャラクター：character ／角色 ／nhân vật	C 僕：I (a boy referring to himself) ／我（男性自称）／ mình, tớ
話す：talk ／说 ／bàn bạc	『ONE PIECE』：ONE PIECE ／《海贼王》／ One Piece
どの：which ／哪个，哪种 ／nào	チョッパー：Chopper ／乔巴 ／Chopper
一番：best ／最 ／nhất	

64

カジュアル

Situation お店で、友人同士が好きなキャラクターについて話しています。 27

鈴木 ：チョウさん。このキャラクター、かわいいね。

チョウ：そうだね。とてもかわいいね。鈴木さんは、どのキャラクターが一番好き？

鈴木 ：私？　うーん。『ポケモン』のピカチュウが一番好きかな。チョウさんは？

チョウ：僕は『ONE PIECE』のチョッパーが一番好き。

鈴木 ：私も好き。とてもやさしくて、素直だよね。

チョウ：そうだね。鈴木さんは、どうしてピカチュウが好きなの？

鈴木 ：ピカチュウの声がとても好きなんだよね。

チョウ：かわいいよね。

鈴木 ：ピカチュウの声って、世界中で同じなんだって。

やさしい：kind ／温柔的／ hiền

素直な：honest ／率真的／ thật thà

どうして：why ／为什么／ tại sao

声：voice ／声音／ tiếng nói

世界中：the whole world ／世界各地／ khắp thế giới

同じ：the same ／同样／ giống nhau

妖怪
ようかい

Apparition ／妖怪／ Yêu quái

日本にはいろいろな妖怪がいると言われています。妖怪は、悪いことをした人を追いかけたり、人にいたずらをしたりします。逆に、困っている人を助けたりすることもあります。

そんな妖怪の中に、「かまいたち」という妖怪がいます。「かまいたち」はイタチの姿をした妖怪です。つむじ風といっしょにやって来て、人にけがをさせると言われています。また、妖怪は、アニメにもたくさん出てきます。たとえば、『ゲゲゲの鬼太郎』には、「鬼太郎」という男の子の妖怪や、「ネコ娘」というネコの姿の女の子の妖怪がいます。もしかしたら、私たちのまわりにもたくさん妖怪がいるかもしれませんよ。

It is said that there are many apparitions in Japan. Apparitions do some bad things to people, chase after them, play tricks on them, etc. However, they may also help those who are in trouble. There is an apparition called "Kamaitachi." It is an apparition that looks like weasel. It is said that Kamaitachi comes with whirlwind and causes injury to people. Many apparitions also appear in animation. For example, in "Kitaro (Bearded Taro) of GEGEGE," there is a boy apparition "Kitaro," and a girl apparition that looks like a cat, etc. There may be many apparitions around us.

据说在日本有各种各样的妖怪存在。妖怪会追逐那些做坏事的人，或者捉弄人们。反之，它们有时候也会帮助那些遇到困难的人。
在这些妖怪中，有一个叫做"镰鼬"的妖怪。它是一个以鼬的形象出现的妖怪。据说它会随旋风而来，给人带来伤害。另外，妖怪也经常出现在动漫中。比如在《咯咯咯鬼太郎》中，有一个名叫"鬼太郎"的男孩妖怪，还有一个名叫"猫娘"的猫形女孩妖怪。
也许我们周围也有很多妖怪存在呢。

Người ta nói ở Nhật Bản có nhiều yêu quái. Yêu quái thường đuổi theo người xấu, hoặc trêu chọc con người. Tuy nhiên, cũng có những yêu quái giúp đỡ người hoạn nạn.
Trong số những yêu quái đó, có một yêu quái tên là Kamaitachi. Kamaitachi là loại yêu quái có thân hình con chồn. Tương truyền rằng chúng đến cùng với gió lốc và gây thương tích cho con người. Ngoài ra, cũng có nhiều yêu quái xuất hiện trong phim hoạt hình. Ví dụ như phim "Gegege no Kitaro" có cậu bé yêu quái tên "Kitaro" và cô bé yêu quái có hình dáng con mèo tên là "Neko-musume"
Có thể xung quanh chúng ta tồn tại nhiều yêu quái cũng không chừng.

Self Check ☑

● 自己評価をしてみましょう。
じ こ ひょう か

Let's make a self-assessment.　自我评价一下吧。Thử tự đánh giá bản thân

① 下の音声ファイルをシャドーイングして、自分の声を録音します。
した おんせい じぶん こえ ろくおん

② スクリプトを見ながら録音を聞き、できているかどうか確認しましょう。そして、チェック表で
み ろくおん き かくにん ひょう
得点をつけましょう。
とくてん

③ うまく言えなかった部分には○をつけましょう。
い ぶぶん

① Use the following audio file for shadowing, and record your voice. ② Listen to your recording while looking at the script, and confirm whether you were able to complete it or not. Then score your recording, using the check table. ③ Mark the parts with ○ that you could not repeat well.	① 跟读下面的音频，给自己录个音。 ② 看着脚本内容听录音，确认自己是否跟上了。然后在确认表上打分吧。 ③ 在没有能跟对的地方上做个"○"的标记。	① Luyện tập shadowing (nói theo) file âm thanh, sau đó tự thu âm giọng của mình. ② Vừa nghe thu âm vừa xem phần script trong sách, kiểm tra xem mình đã làm được hay chưa. Sau đó tự chấm điểm ở bảng kiểm tra. ③ Đánh dấu ○ vào phần chưa nói được tốt.

Unit 1

日本では、春にたくさんあいさつをします。
に ほん はる

それは、春が「さようなら」と「はじめまして」の季節だからです。
はる き せつ

３月には、卒業式があります。
さん がつ そつぎょうしき

それで、「さようなら」や「ありがとう」をたくさん言います。
い

少しさびしいです。４月には、入学式があります。
すこ し がつ にゅうがくしき

「はじめまして」や「よろしくお願いします」をたくさん言います。
ねが い

自己紹介もたくさんします。
じ こ しょうかい

みなさんの国では、いつ、たくさんあいさつをしますか？
くに

❶ 正確に言葉や文が言えた せいかく ことば ぶん い	1	2	3	4	合 計 ごうけい
❷ 正確に発音できた せいかく はつおん	1	2	3	4	
❸ 飛ばさずに、スムーズに言えた と い	1	2	3	4	／12点

See➡ p.12,16,20

Section II

67

19

日本の食べ物は外国でも有名です。

たとえば、寿司、天ぷら、ラーメンなどです。

みなさんも食べたことがありますか?

日本人は、よく魚を食べます。魚は、生でも食べます。

寿司は、生の魚とごはんで作ります。

そして、しょうゆとわさびで食べます。

日本の寿司は、外国人にも人気があります。

日本には、回転寿司の店がたくさんあります。安い寿司もあります。

日本に行ったら、ぜひ食べてみてください。

❶ 正確に言葉や文が言えた	1	2	3	4	合計
❷ 正確に発音できた	1	2	3	4	
❸ 飛ばさずに、スムーズに言えた	1	2	3	4	／12点

See➡ p.12,16,20

 25

みなさんは、どのアニメのキャラクターが好きですか?

ドラえもんですか? ピカチュウですか? それとも、チョッパーですか?

マンガやアニメには、たくさんかわいいキャラクターがいます。

ピカチュウは、世界中で人気があります。

黄色くて、小さくて、声もかわいいです。

ピカチュウの声は、世界のどの国でも同じだそうです。

ピカチュウの「ピカチュウ!」や「ピカピーカ?」などの声は、とてもか

わいいです。

❶ 正確に言葉や文が言えた	1	2	3	4	合計
❷ 正確に発音できた	1	2	3	4	
❸ 飛ばさずに、スムーズに言えた	1	2	3	4	／12点

See➡ p.12,16,20

Unit 1～Unit 5のほかの文章も、録音して、自分でチェックしてみましょう!
Record the other sentences from Unit 1 to Unit 5 and check them yourself!
Unit 1～Unit 5以外的文章也试着录个音,自己确认一下吧。
Các bạn cũng hãy tự thu âm và kiểm tra những đoạn văn khác của Unit 1 đến Unit 5.

相撲 Sumo
すもう 相扑
Sumo

N5 ★★☆☆☆

see▶p.150

① N1はN2です　　　　　　　相撲は日本のスポーツです。
すもう　にほん

② （N1は）N2 が イA-いです　（お相撲さんは）体がとても大きいです。
すもう　からだ　おお

　（N1は）N2 が ナA-です　（お相撲さんは）日本語がとても上手です。
すもう　にほんご　じょうず

③ V1-たり、V2-たり（します）　寝たり、本を読んだりします。
ね　ほん　よ

 モノローグ

28

　相撲は日本のスポーツです。
すもう　にほん

　お相撲さんは相撲の選手です。そ
すもう　すもう　せんしゅ
して、体がとても大きいです。外国
からだ　おお　がいこく
人のお相撲さんもいます。日本語が
じん　すもう　にほんご
とても上手です。
じょうず

　お相撲さんは、毎朝相撲の練習をします。自由時間もあります。自
すもう　まいあさすもう　れんしゅう　じゆうじかん　じ
由時間には、寝たり、本を読んだりします。自転車でコンビニにも行き
ゆうじかん　ね　ほん　よ　じてんしゃ　い
ます。

Section II

Words

相撲：sumo wrestling／相扑／su-mô
すもう

スポーツ：sports／体育运动／thể thao

お相撲さん：sumo wrestler／相扑选手／võ sĩ su-
すもう
mô

選手：player in a sport game／选手／võ sĩ, tuyển
せんしゅ
thủ

体：body／身体／cơ thể
からだ

外国人：foreigner／外国人／người nước ngoài
がいこくじん

上手な：be good at／擅长的／giỏi
じょうず

毎朝：every morning／每天早上／mỗi buổi sáng
まいあさ

練習：practice／练习／luyện tập
れんしゅう

自由時間：free time／自由时间／thời gian rảnh
じゆうじかん

自転車：bicycle／自行车／xe đạp
じてんしゃ

ダイアローグ

フォーマル

Situation　研修生と相撲を見に行きました。
　　　　　けんしゅうせい　すもう　み　い

 29

ブラウン（研修生）：田中さん、遅れてすみません。
　　　　けんしゅうせい　　たなか　　おく

田中　：大丈夫ですよ。僕も今着いたところです。さあ、中に入り
たなか　　だいじょうぶ　　ぼく　いまつ　　　　　　　　なか　はい
　　　　ましょうか。

ブラウン：私は相撲のことを何も知らないんです。今日はいろいろ教
　　　　わたし　すもう　　　　なに　し　　　　　　きょう　　　　　　　おし
　　　　えてください。

田中　：わかりました。
たなか

ブラウン：国技館は天井が高いですね。それに、席の種類もたくさん
　　　　こくぎかん　てんじょう　たか　　　　　　　　せき　しゅるい
　　　　ありますね。

田中　：そうですね。私たちの席は、あそこのイスの席です。
たなか　　　　　　　　わたし　　せき　　　　　　　　　　せき

ブラウン：わー、あそこの座布団の席もいいですね。あそこはお相撲
　　　　　　　　　　ざぶとん　せき　　　　　　　　　　　　　　すもう
　　　　さんにとても近いですね。
　　　　　　　　　　ちか

田中　：あそこは値段がちょっと高いです。でも、今度はあそこで
たなか　　　　　ねだん　　　　　たか　　　　　　　こんど
　　　　見ましょうか。
　　　　み

ブラウン：はい、ぜひ。

Words

F 研修生：trainee／进修生／thực tập sinh
けんしゅうせい

相撲：sumo wrestling／相扑／su-mô
すもう

遅れる：to be late／迟到的／trễ
おく

F すみません：Excuse me.／不好意思／xin lỗi

C ごめん：I am sorry.／抱歉／xin lỗi

大丈夫な：all right／可靠的／không sao
だいじょうぶ

〜たところ：just did 〜／刚…(表示动作刚发生)
　　　　　／vừa mới 〜

さあ：Come on/OK (Let's go inside.)／来．表劝诱

　　　　／Nào

何も〜ない：(know) nothing／没什么／không có
なに　　　　　　　　　　　　　　　　　　〜 gì

いろいろ：various／多种多样／nhiều

教える：teach/tell／传授／chỉ bảo
おし

C オッケー：OK／OK／OK

国技館：Sumo stadium／国技馆／nhà thi đấu
こくぎかん　　　　　　　　　　　　　　quốc gia

天井：ceiling／天花板／trần
てんじょう

70

カジュアル

Situation　友だちと相撲を見に行きました。

メイ　：友太、遅れてごめん。

友太　：大丈夫だよ。僕も今着いたところ。さあ、中に入ろうか。

メイ　：私、相撲のこと、何も知らないんだ。今日はいろいろ教えてね。

友太　：オッケー。

メイ　：国技館は天井が高いね。それに、席の種類もたくさんあるん
　　　だね。

友太　：そうだね。僕たちの席は、あそこのイスの席だよ。

メイ　：わー、あそこの座布団の席もいいね。あそこはお相撲さんに
　　　すごく近いね。

友太　：あそこは値段がちょっと高いよ。でも、今度、あそこで見よう
　　　か。

メイ　：うん、ぜひ。

高い：high ／价格高的／ cao
席：seat ／座位／ ghế, chỗ
種類：types ／种类／ loại
Ⓒ 僕たち：we (a boy refers to those including himself)
　　／我们／ chúng ta
あそこ：over there ／那边／ đằng kia
イス：chair ／椅子／ ghế
座布団：floor cushion to sit on ／坐垫／ đệm ngồi
Ⓒ すごく：very ／非常，很／ rất

近い：close ／近的／ gần
値段：price ／价格／ giá
今度：next time ／下次／ lần tới
ぜひ：certainly ／一定／ nhất định

相撲部屋

Sumo stable ／相扑房／ Sumo beya

「相撲部屋」とは、お相撲さんになりたい若者が、弟子として相撲部屋の親方の家族といっしょに暮らしている建物です。親方も昔はお相撲さんでしたが、今は弟子たちのコーチです。おかみさんは親方の奥さんで、本当のお母さんのように毎日弟子たちの世話をします。朝早くから夜遅くまで、一番忙しい人はおかみさんです。

相撲部屋で一番大事な場所は、土俵のある稽古場です。お相撲さんは、体をぶつけあって激しい稽古をします。そのあとの楽しみは、肉や魚や野菜の入った、おいしい「ちゃんこ鍋」です。たくさん食べて片付けたら、やっと自由時間です。

"A sumo stable" is a place where young men, who hope to become sumo wrestlers, are living with their master and his family. The master used to be a sumo wrestler a long time ago, but is now the coach for his junior wrestelrs. Missus is the master's wife, who takes care of the junior wrestlers every day, just like a mother. She is a busy person, working from early morning to late at night. The most important place in the sumo stable is the training room, where there is DOHYO (arena). Sumo wrestlers do hard training, clashing against each other. After training, they look forward to delicious "chankonabe" - a fish, meat, and vegetable stew traditionally served to sumo wrestlers. After eating a lot and putting things away, they finally have free time.

"相扑房"是一个想成为相扑选手的年轻人，作为弟子和相扑房中师父一家一起生活的建筑物。师父曾经也是相扑选手，现在是弟子们的教练。夫人是师父的妻子，像真正的母亲一样每天照顾弟子们。从早到晚，最忙碌的人就是夫人了。
相扑房最重要的地方是有土俵的训练场。相扑选手们会互相碰撞，进行激烈的训练。训练结束后令人期待的是放有肉，鱼和蔬菜的美味"相扑锅"。吃饱了打扫完后，才有自由时间。

"Sumo beya" tên gọi của trung tâm đào tạo sumo, nơi mà những người trẻ có mong muốn trở thành sumo cùng sinh sống với gia đình võ sĩ chuyên nghiệp với tư cách như những đệ tử. Những võ sĩ chuyên nghiệp này trước đây họ cũng là những sumo nhưng bây giờ họ trở thành những huấn luyện viên cho những đệ tử trẻ. Mỗi ngày okamisan, vợ của những võ sĩ chuyên nghiệp chăm sóc cho những đệ tử giống như những người mẹ thực sự. Từ sáng đến tối người mà bận rộn nhất là okamisan. Nơi quan trọng nhất trong trung tâm đào tạo là phòng luyện tập có vòng thi đấu. Các võ sĩ sumo luyện tập húc người vào nhau cực mạnh. Thú vui sau những giờ luyện tập đó là ăn "món lẩu Chanko" ngon có nhiều thịt, rau, cá. Sau khi ăn, dọn dẹp xong thì là thời gian hoạt động tự do.

文化祭
ぶんかさい

Cultural Festival
文化节
Lễ hội văn hóa

N5 ★★☆☆☆

see▶ p.150

①	V（普通形）＋ N ふつうけい	ダンスやコンサートをするクラスがあります。
②	S1ので／から、S2	お客さんがたくさん来るイベントなので、がんばります。 きゃく　　　　　　　　　く
③	V-たいです	みなさんも、文化祭に行きたいですか？ ぶんかさい　い

 モノローグ

(( )) 31

　日本の学校には、いろいろなイベン
　にほん　がっこう
トがあります。その中で、「文化祭」
　　　　　　　　　　なか　　　ぶんかさい
は一番大きいイベントです。家族や友
　いちばんおお　　　　　　　　　　かぞく　　とも
だちも見に行くことができます。
　　　み　い

　文化祭では、ミュージカルをするク
　ぶんかさい
ラスや、ダンスやコンサートをするクラスがあります。また、教室をお
　　　　　　　　　　　　　　　　　　　　　　　　　　　　　　　　きょうしつ
化け屋敷やカフェにするクラスもあります。
ば　やしき

　文化祭の準備はとても大変です。でも、お客さんがたくさん来るイ
　ぶんかさい　じゅんび　　　　　たいへん　　　　　　きゃく　　　　　　　　く
ベントなので、学生たちはがんばります。それに、いい思い出になりま
　　　　　　　がくせい　　　　　　　　　　　　　　　　　　　　おも　で
す。みなさんも、文化祭に行きたいですか？
　　　　　　　ぶんかさい　い

Words

イベント：event ／活动／ sự kiện	お客さん：customer ／客人／ khách hàng きゃく
文化祭：cultural festival ／文化节／ lễ hội văn ぶんかさい　　hóa	学生たち：students ／学生们／ học sinh がくせい
ミュージカル：musical ／音乐剧／ âm nhạc	がんばる：do one's best ／加油／ cố gắng
ダンス：dance ／舞蹈／ nhảy múa	思い出：memories ／回忆／ ký niệm おも　で
コンサート：concert ／音乐会／ hòa nhạc	
お化け屋敷：haunted house ／鬼屋／ nhà ma ば　やしき	
カフェ：café ／咖啡店／ cà phê	
準備：preparation ／准备／ chuẩn bị じゅんび	

Section II

フォーマル

Situation　留学生と先生が文化祭について話しています。

ニック（留学生）：先生、日本の学校にはいろいろなイベントがあるそう
　　　　　　　　です ね。

山田（先生）　　：はい。なかでも、文化祭が面白いと思いますよ。来
　　　　　　　　週、この近くにあるモトヤマ高校で文化祭があります。

ニック：へー、そうですか！　文化祭は見たことがないので、行きた
　　　　いです！

山田　：ええ、ぜひ行ってみてください。

ニック：何曜日ですか？

山田　：土日です。でも、土曜日はモトヤマ高校の生徒だけが行く日
　　　　です。他の人は行くことができません。

ニック：誰でも行けるのは日曜日ですか？

山田　：はい、そうです。ミュージカルの『マンマ・ミーア！』をす
　　　　るクラスもありますよ。

ニック：すごいですね！　見たいです！

山田　：お化け屋敷やカフェもありますよ。

ニック：楽しみです！

Words

文化祭：cultural festival ／文化节／ lễ hội văn
　　　　hóa

C うん：yes ／嗯／ Ừ

なかでも：among other things ／尤其／ trong số
　　　　đó

思う：think ／我觉得／ nghĩ

近くに：near by ／附近／ gần

F ええ：yes ／是的／ vâng

ぜひ：certainly ／一定／ nhất định

土日：Saturday and Sunday ／周末／ thứ bảy chủ
　　　nhật

生徒：students ／学生们／ học sinh

他の人：other people ／其他人／ người khác

誰でも：anyone ／不论谁／ ai cũng

行ける：able to go ／能去／ đi được

ミュージカル：musical ／音乐剧／ âm nhạc

『マンマ・ミーア！』：Mamma Mia! ／《妈妈咪呀》

カジュアル

Situation 留学生と友だちが文化祭について話しています。
りゅうがくせい とも ぶん か さい はな

ニック（留学生）：リコ、日本の学校にはいろいろなイベントがあるら
りゅうがくせい にほん がっこう

　　　　　　　　しいね。

リコ　：うん。なかでも、文化祭が面白いと思うよ。来週、この近く
ぶん か さい おもしろ おも らいしゅう ちか

　　　　にあるモトヤマ高校で文化祭があるよ。
こうこう ぶん か さい

ニック：へー、そう！　文化祭は見たことがないから、行きたいな。
ぶん か さい み い

リコ　：うん、ぜひ行ってみて。
い

ニック：何曜日？
なんようび

リコ　：土日。でも、土曜日はモトヤマ高校の生徒だけが行く日なん
ど にち ど よう び こうこう せい と い ひ

　　　　だ。他の人は行くことができないの。
ほか ひと い

ニック：誰でも行けるのは日曜日？
だれ い にちようび

リコ　：うん、そう。ミュージカルの『マンマ・ミーア！』をするク

　　　　ラスもあるよ。

ニック：わー、すごい！　見たい！
み

リコ　：お化け屋敷とかカフェもあるよ。
ば や しき

ニック：楽しみだな！
たの

　　　　　　／ Mamma Mia!

すごい：amazing ／非常棒的／ tuyệt

お化け屋敷：haunted house ／鬼屋／ nhà ma
ば や しき

カフェ：café ／咖啡店／ cà phê

楽しみ：look forward to ／期待／ mong chờ
たの

お化け屋敷
Haunted house ／鬼屋／ Nhà ma

　文化祭は日本の中学校、高校、大学などで毎年行われる行事です。学生がいろいろな企画をします。その中で人気があるイベントの一つが「お化け屋敷」です。

　日本のお化け屋敷は江戸時代に始まったそうです。大正時代から、ユーモアとスリルのあるものとしてはやり始め、デパートや遊園地や文化祭でも行われるようになったそうです。お化け屋敷に入ると、真っ暗な通路から急に何かが飛び出して来たり、こわい音楽が聞こえたりします。何だかわからない、こわそうな物もいろいろ置いてあります。お客さんは、びっくりしたり、こわくて叫んだりします。出たときは、ぐったりです。

Cultural festivals are held every year at Japanese junior and senior high schools, universities, etc. The students plan various events. One of the popular events is "haunted house." Apparently, haunted houses began in Japan during the Edo period (17th-19th centuries). From the Taisho period (1912-1926), haunted houses started to become popular as something humorous and thrilling, and they were held at department stores, amusement parks, cultural festivals, etc. When going into a haunted house, you may see something suddenly jump out from a very dark passage, you may hear scary music playing, etc. Various things that you don't know, including frightening things, are placed everywhere. Visitors get surprised, scream as they get scared, etc. When they get out, they may feel exhausted.

"文化祭"是日本的初高中、大学等每年都会举行的活动。学生们会做各种各样的策划。其中，受欢迎的活动之一就是"鬼屋"。
据说，日本的鬼屋起源于江户时代，从大正时代开始，它成为了一种充满幽默和刺激的活动，在百货商场、游乐园和文化节等场所开始流行了起来。当进入鬼屋时，在漆黑的通道中会突然冒出些东西，也能听见恐怖的音乐。各种各样令人不明所以、看起来可怕的物品也会被摆放在里面。来体验的客人们会时而受到惊吓，时而害怕地尖叫。从鬼屋出来的时候，会感到筋疲力尽。

Lễ hội văn hóa là một hoạt động thường niên được tổ chức trong các trường trung học, phổ thông, đại học ở Nhật Bản. Học sinh, sinh viên lên nhiều kế hoạch. Trong đó có một trò là trò "nhà mà".
Nhà ma Nhật Bản nghe nói được bắt đầu từ thời Edo. Từ thời Taisho, người ta đã làm lại như một trò hài hước và rùng rợn, được tổ chức ở các trung tâm thương mại, khu giải trí, và lễ hội văn hóa. Khi vào trong nhà ma, ở con đường tối đen, bất thình lình có những thứ bay ra, hoặc có thể nghe những âm thanh hết sức rùng rợn. Không biết tại sao nhưng trong đó có rất nhiều thứ hết sức đáng sợ. Khách vào trong giật mình, hét lên vì sợ. Sau khi ra ngoài thì ai cũng mệt nhoài.

年越し
とし こ

New Year's Eve
除旧迎新
Đón năm mới

N5 ★★☆☆☆

see p.150

①	日時・時間 にちじ じかん	毎年、1月1日、0時0分 まいとし いちがつついたち れいじ れいふん
②	V-ています	0時0分に何をしていますか? れいじ れいふん なに
③	あまり V-ません ＜頻度＞ ひんど	花火はあまりしません。 はなび

 モノローグ

 34

みなさんは、毎年、1月1日、0時
まいとし いちがつ ついたち れいじ

0分に何をしていますか? 寝ていま
れいふん なに ね

すか? パーティーをしていますか?

花火を見ていますか?
はなび み

日本では、12月31日はたいて
にほん じゅうにがつ さんじゅういちにち

い家族と過ごします。たとえば、家族といっしょにお正月の準備をし
かぞく す かぞく しょうがつ じゅんび

ます。そして、ごはんを食べたり、テレビを見たりします。花火はあま
た み はなび

りしません。大晦日の夜は、けっこう静かです。
おおみそか よる しず

Words

みなさん：you ／大家／các bạn

毎年：every year ／毎年／mỗi năm
まいとし

パーティー：party ／派对，聚会／tiệc

花火：fireworks ／烟花／pháo hoa
はなび

たいてい：usually ／一般是／thường

過ごす：spend time ／度过／ăn
すごす

たとえば：for example ／比如／ví dụ như

いっしょに：together ／一起／cùng nhau

お正月：New Year ／正月／Tết, Năm mới
しょうがつ

準備：preparation ／准备／chuẩn bị
じゅんび

大晦日：New Year's Eve ／大年夜，除夕／Giao
おおみそか
　　　thừa

けっこう：fairly ／足够／khá

静かな：quiet ／安静的／yên tĩnh
しず

フォーマル

[Situation] 留学生と先生が冬休みについて話しています。 35
りゅうがくせい　せんせい　ふゆやす　　　　はな

ニック（留学生）：先生、何をしているんですか？
　　りゅうがくせい　　せんせい　なに

山田（先生）：年末なので、部屋の大掃除をしています。
やまだ　せんせい　　ねんまつ　　　　へや　おおそうじ

ニック：へー、そうですか。お手伝いしましょうか？
　　　　　　　　　　　　　　てつだ

山田：いいんですか？　お願いします。
　　　　　　　　　　　　　ねが

山田：[いっしょに掃除をしながら]　明日から冬休みですね。ニッ
　　　　　　　　そうじ　　　　　　　あした　ふゆやす
　　　クさんは何をしますか？
　　　　　　　なに

ニック：私は明日から２８日まで部活があります。先生は何をする
　　　　わたし　あした　にじゅうはちにち　ぶかつ　　　　　　せんせい　なに
　　　　んですか？

山田：私はあさってから実家に帰ります。
　　　わたし　　　　　　じっか　かえ

ニック：花火を見ますか？
　　　　はな　び　み

山田：花火？
　　　はな　び

ニック：はい、大晦日の花火です。
　　　　　　おおみそか　はな　び

山田：あー、日本では、大晦日に花火はあまりしませんね。
　　　　　にほん　　おおみそか　はな　び

ニック：えー、そうなんですか？

山田：はい。花火はたいてい夏にします。
　　　　　　はな　び　　　　　なつ

ニック：あー、残念です。私の国とは違うんですね。
　　　　ざんねん　わたし　くに　ちが

Words

冬休み：winter break ／寒假／ nghỉ đông
ふゆやす

年末：end of the year ／年末／ cuối năm
ねんまつ

大掃除：major cleanup ／大扫除／ tổng vệ sinh
おおそうじ

手伝う：help out ／帮忙／ giúp đỡ
てつだ

〜から〜まで：from 〜 to 〜／从～到～／ từ ～
　　　　　　　đến ～

部活：club activities ／社团／ hoạt động câu lạc
ぶかつ　　　　　　　　　　　　　　　　bộ

あさって：the day after tomorrow ／后天／ ngày
mốt

実家：parents' home ／老家／ quê (nhà của mình)
じっか

花火：fireworks ／烟花／ pháo hoa
はなび

大晦日：New Year's Eve ／大年夜，除夕／ Giao
おおみそか　　　　　　　　　　　　　　　thừa

たいてい：usually ／一般是／ thường

夏：summer ／夏天／ mùa hè
なつ

残念な：disappointing ／遗憾的／ tiếc
ざんねん

違う：different ／不同的／ khác
ちが

78

カジュアル

Situation 留学生と友だちが冬休みについて話しています。
りゅうがくせい　とも　　　ふゆやす　　　はな

36

チョウ（留学生）：鈴木さん、何してるの？
　　りゅうがくせい　　すずき　　　なに

鈴木　：年末だから、部屋の大掃除をしてるんだ。
すずき　　ねんまつ　　　へや　おおそうじ

チョウ：へー、そうなんだ。手伝おうか？
　　　　　　　　　　　　　てつだ

鈴木　：いいの？　ありがとう。

鈴木　：［いっしょに掃除をしながら］明日から冬休みだね。チョウ
　　　　　　　　　そうじ　　　　　　あした　　ふゆやす
　　　　さんは何するの？
　　　　　　なに

チョウ：僕は明日から２８日までは部活なんだ。鈴木さんは何する
　　　　ぼく　あした　　にじゅうはちにち　　ぶかつ　　　すずき　　　なに
　　　　の？

鈴木　：私はあさってから実家に帰るよ。
　　　　わたし　　　　　　　じっか　かえ

チョウ：花火、見る？
　　　　はなび　み

鈴木　：花火？
　　　　はなび

チョウ：うん、大晦日の花火。
　　　　　　　おおみそか　はなび

鈴木　：あー、日本では、大晦日に花火はあまりしないね。
　　　　　　　にほん　　　おおみそか　はなび

チョウ：えー、そうなの？

鈴木　：うん。花火はたいてい夏にするよ。
　　　　　　　はなび　　　　　なつ

チョウ：あー、残念。僕の国とは違うんだね。
　　　　　　ざんねん　ぼく　くに　　ちが

除夜の鐘は騒音?
じょ や かね そうおん

Is temple bell that rings 108 times on New Year's Eve noise? ／年夜钟声是噪音? ／
Tiếng chuông đêm giao thừa có phải là tiếng ồn?

「除夜の鐘」といえば、大晦日の夜の風物詩の一つです。日本のお寺では、
大晦日の夜に鐘を108回鳴らします。静かな大晦日の夜に「ゴーン、ゴーン」
という音を聞くと、1年の終わりを感じる日本人は少なくないです。しかし一方
で、夜の鐘の音は騒音なのでやめてほしいという人もいるそうです。それは、
「除夜の鐘」に限りません。花火大会の音や、運動会での音楽や声援などもう
るさいと感じる人がいるそうです。みなさんは、どう思いますか?

"Joya no kane" is one of the special aspects of New Year's eve. In Japanese temples, they
ring the bell 108 times at night on New Year's eve. Many Japanese people feel the end of
the year, when they hear the sound of the bell, "gon, gon" on a quiet night of New Year's
eve. On the contrary, apprently there are some people who wish the bell is cancelled,
as it is noisy. It is not just "Joya no kane." There are some people who think the sound
is noisy coming from fireworks, music and cheering of athletic events, etc. What do you
think?

说起"年夜钟声",它是一种别致的除夕夜的景观。在日本的寺庙中,除夕夜会敲钟108次。在
寂静的除夕夜里,当听到"咚、咚"的钟声时,许多日本人会感受到,这一年结束了。但另一方面,
也有人认为夜晚的钟声是噪音,希望能停止敲钟。这并不仅限于"年夜钟声",还包括烟花大会
的声音、运动会上的音乐和呐喊声等,都有人觉得吵闹。大家对此有什么看法呢?

Nói đến "tiếng chuông đêm giao thừa" thì đây là một trong những hoạt động truyền thống
trong đêm giao thừa. Trong chùa Nhật, vào đêm giao thừa người ta đánh 108 tiếng chuông.
Vào đêm giao thừa tĩnh lặng, khi nghe tiếng chuông kêu "goong goong", thì không ít người
Nhật cảm nhận sự kết thúc của 1 năm. Tuy nhiên, cũng có những người cho rằng tiếng
chuông giao thừa là tiếng ồn và muốn người ta dừng hoạt động này. Không chỉ "tiếng
chuông đêm giao thừa", cũng có những người cảm thấy ồn ào vì tiếng pháo trong lễ hội
pháo hoa, tiếng nhạc và tiếng cổ vũ trong ngày hội thao. Các bạn nghĩ thế nào?

好きなアーティストに会える!　N5 ★★☆☆☆
すき　　　　　　　　　　　　　　　　　あ

You can meet the artists you like! ／与喜爱的艺术家相遇／ Gặp được thần tượng yêu thích!

See▶p.151

① **V-るから (です)**　　CDを持つことがカッコいいと思うからです。
　　　　　　　　　　　　　　　　　　も　　　　　　　　　　　　　おも

② **V-るため (です)**　　自分が好きなアーティストを応援するためです。
　　　　　　　　　　　　　じ ぶん　す　　　　　　　　　　　　おうえん

 モノローグ

（37）

　日本では、2000年ぐらいから
　に ほん　　　　　　　に せん ねん
CDで音楽を聞く人が少なくなって
シーディー　おん がく　き　ひと　すく
います。ところが、若い人たちの中
　　　　　　　　　　　わか　ひと　　　　なか
にはCDをよく買う人もいます。
　　シーディー　　　か　ひと
どうしてでしょうか。理由は二つあ
　　　　　　　　　　　　　り ゆう　ふた
ります。一つは、CDを持つことがカッコいいと思うからです。もう
　　　　ひと　　　シーディー　も　　　　　　　　　　　　おも
一つは、自分が好きなアーティストを応援するためです。CDを買うと、
ひと　　　じ ぶん　す　　　　　　　　　　　　おうえん　　　　　　　　シーディー　か
抽選でファンミーティングに行けることもあります。みなさんはCD
ちゅうせん　　　　　　　　　　　　い　　　　　　　　　　　　　　　　　　シーディー
を買いますか？
　か

Section II

Words

ところが：however ／然而，不过／ tuy nhiên

若い人たち：young people ／年轻人们／ người
わか　ひと　　　　　　　　　　　　　　　　　　　 tré

理由：reason ／理由／ lý do
り ゆう

カッコいい：cool ／帅气的／ sành điệu

思う：think ／我觉得／ nghĩ
おも

自分：oneself ／自己／ bản thân
じ ぶん

アーティスト：artist ／艺术家／ ca sĩ

応援する：support ／支持，声援／ ủng hộ
おうえん

抽選：lottery ／抽签／ bốc thăm
ちゅうせん

ファンミーティング：fan meeting ／粉丝见面会
　　　　　　　　　　　／ họp fan hâm mộ

行ける：able to go ／能去／ đi được
い

フォーマル

Situation 朝早く、上司と部下が道で会って、話しています。
あさはや　じょうし　ぶか　みち　あ　　はな

 38

中川（上司）：佐藤さーん。
なかがわ じょうし さとう

佐藤（部下）：あ、中川主任。おはようございます。
さとう ぶか　　なかがわしゅにん

中川：おはようございます。どこに行くんですか？
い

佐藤：今から、ファンミーティングに行くんです。
いま　　　　　　　　　　　い

中川：ファンミーティングというのは何ですか？
なん

佐藤：好きなアーティストに会えるイベントのことです。
す　　　　　　　あ

中川：へー。コンサートとは違うんですね。
ちが

佐藤：KSOというアイドルグループを知っていますか？　今日はその
ケーエスオー　　　　　　　　　　　　　し　　　　　　きょう

　　人たちに会って話せるんです。握手もできるんです！
ひと　　　あ　　はな　　　　　あくしゅ

中川：でも、どうしてこんなに朝早くから行くんですか？
あさはや　　　い

佐藤：KSOのグッズがすぐ売り切れるからです。
ケーエスオー　　　　　　　う　き

中川：わー、すごいですね。

佐藤：はい。今日のファンミーティングに行くために、昨日は早く寝
きょう　　　　　　　　　　　　い　　　　　きのう　はや　ね

　　ました。

中川：そうなんですか。楽しんできてください。
たの

佐藤：はい。行ってきます。
い

Words

朝早く：early in the morning ／大清早／ sáng sớm あさはや	アーティスト：artists ／艺术家／ ca sĩ
F 上司：boss ／上司／ cấp trên じょうし	イベント：event ／活动／ sự kiện
F 部下：subordinate ／下属／ cấp dưới ぶか	コンサート：concert ／音乐会／ hòa nhạc
C 友人同士：friends ／朋友之间／ bạn bè với ゆうじんどうし　　nhau	違う：different ／不同的／ khác ちが
道：street ／路，路上／ đường みち	アイドルグループ：idol group ／偶像团体／ 　　nhóm thần tượng, nhóm idols
F 主任：senior staff ／主任／ chủ nhiệm しゅにん	握手：shaking hands ／握手／ bắt tay あくしゅ
ファンミーティング：fan meeting ／粉丝见面会	こんなに：like this ／这般／ như thế này
／họp fan hâm mộ	グッズ：goods ／周边／ món đồ

カジュアル

Situation　朝早く、友人同士が道で会って、話しています。
_{あさはや　ゆうじんどうし　みち　あ　はな}

39

チョウ：鈴木さーん。
_{すずき}

鈴木：あ、チョウさん。おはよう。
_{すずき}

チョウ：おはよう。どこ行くの？
_い

鈴木：今から、ファンミーティングに行くの。
_{いま}_い

チョウ：ファンミーティングって何？
_{なに}

鈴木：好きなアーティストに会えるイベントのことだよ。
_す_あ

チョウ：ヘー。コンサートとは違うんだね。
_{ちが}

鈴木：KSOっていうアイドルグループ、知ってる？　今日はその人
_{ケーエスオー}_{きょう}_{ひと}
たちに会って話せるんだー。握手もできるの！
_あ_{はな}_{あくしゅ}

チョウ：でも、どうしてこんなに朝早くから行くの？
_{あさはや}_い

鈴木：KSOのグッズがすぐ売り切れるから。
_{ケーエスオー}_{う き}

チョウ：わー、すごいね。

鈴木：うん。今日のファンミーティングに行くために、昨日は早く
_{きょう}_い_{きのう　はや}
寝たの。
_ね

チョウ：そうなんだ。楽しんできてね。
_{たの}

鈴木：うん。行ってきまーす。
_い

Section II

すぐ：immediately ／立即／ ngay, liền
売り切れる：sold out ／售空／ cháy hàng, hết
_{う き}　　　hàng
楽しむ：enjoy ／享受／ vui, thưởng thức
_{たの}

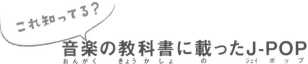

これ知ってる？

音楽の教科書に載ったJ-POP
おんがく　　きょうかしょ　　の　　　ジェイ　ポップ

J-POP that is in music textbooks／音乐教科书里的 J-POP／
Nhạc J-POP được viết trong sách giáo khoa âm nhạc.

日本の学校では、「音楽」という教科があります。「音楽」の授業では歌
にほん　がっこう　　　　おんがく　　　　　きょうか　　　　　　おんがく　　じゅぎょう　　うた
を歌ったり、楽器を演奏したり、音楽を聞いたりします。「音楽」の教科書に
　うた　　　　がっき　えんそう　　　　おんがく　き　　　　　　　　おんがく　きょうかしょ
は、J-POPの歌も載っています。みなさんが知っている歌もありますか？
　　　　　　うた　の　　　　　　　　　　　　　　　し　　　　　うた

「少年時代」（井上陽水, 1990）
しょうねんじだい　いのうえようすい
「さくら（独唱）」（森山直太朗, 2003）
　　　　どくしょう　　もりやまなおたろう
「ハナミズキ」（一青窈, 2004）
　　　　　　ひととよう
「若者のすべて」（フジファブリック, 2007）
わかもの
「手紙～拝啓 十五の君へ～」（アンジェラ・アキ, 2008）
てがみ　はいけい じゅうご きみ
「365日の紙飛行機」（AKB48, 2017）
にち　かみひこうき

「少年時代」と「若者のすべて」を聞きくらべてみてください。そして、み
しょうねんじだい　　　わかもの　　　　き
なさんが感じたことを周りの人と話し合ってみてください。
　　　かん　　　　　まわ　ひと　はな　あ

In Japanese schools, "music" is one of the subjects being taught. In "music" class, students sing songs, play musical instruments, listen to music, etc. In "music" textbooks, there are J-POP songs. Are there any songs that you know?
"Boyhood (Yosui Inoue, 1990)" "Cherry Blossoms (vocal solo) (Naotaro Moriyama, 2003)"
"Flowering Dogwood (Hitoto Yo, 2004)" "All the Young People (Fuji Fabric, 2007)"
"Letter –Dear Fifteen Year Old Boy (Angela Aki, 2008)" "365 Days of Paper Airplane (AKB48, 2017)"
Please listen to "Boyhood" and "All the Young People," then compare them. Then please discuss what you felt with those around you.

在日本的学校里，有一门名为"音乐"的科目。在"音乐"课上，大家会唱歌、演奏乐器，以及聆听音乐。《音乐》这本教科书中，也编入了一些日本流行音乐（J-POP）。你们有听说过以下这些曲目吗？
《少年时代（井上阳水, 1990）》《樱花（独唱）（森山直太朗, 2003）》《花水木（一青窈, 2004）》
《青春无悔（富士纤维, 2007）》《信～写给十五岁的自己～（安吉拉·阿基, 2008）》
《365 天的纸飞机（AKB48, 2017）》
请你们试着听听，对比一下《少年时代》和《青春无悔》这两首歌，然后试着与身边的人讨论一下你们的感受。

Ở trường học Nhật Bản có môn học "âm nhạc". Ở giờ học "âm nhạc", học sinh hát, chơi nhạc cụ, và nghe nhạc. Trong sách giáo khoa "âm nhạc" có nhiều bài hát của J-POP. Có những bài nhạc nào mà các bạn biết được viết trong sách không?
"Shonen jidai, (Yousui Inoue, 1990)" "Sakura (đơn ca), (Naotaro Moriyama, 2003)"
"Hanamizuki, (Yo Hitoto, 2004)" "Wakamono no subete, (Fuji Fabric, 2007)"
"Lá thư cho tuổi 15, (Aki Angela, 2008)" "Chiếc máy bay giấy 365 ngày, (AKB48, 2017)"
Các bạn hãy nghe thử "Shonen jidai" và "Wakmono no subete" nhé. Rồi các bạn hãy chia sẻ cảm tưởng của các bạn với những người xung quanh các bạn nhé.

人気の観光スポット
にん き かんこう

N5 ★★☆☆☆

Popular Sightseeing Spots／受欢迎的观光景点／Địa điểm du lịch được ưa thích

See p.151

① V-て、〜　　　　　　日本の他のところと違って、湿気が少ないです。
にほん ほか ちが しっけ すく

② V-てみたい（です）　旭山動物園に行ってみたいです。
あさひやまどうぶつえん い

③ 〜なら、〜　　　　　食べ物なら、ラーメンがおすすめだそうです。
た もの

④ V-(よ)うと思います　私も、いつか家族と行こうと思います。
おも わたし か ぞく い おも

 モノローグ

🔊40

　北海道は、日本の一番北にありま
ほっかいどう にほん いちばんきた
す。日本の他のところと違って、湿
にほん ほか ちが しっ
気が少ないです。だから、夏も気持
け すく なつ き も
ちがいいです。

　北海道には、たくさん観光すると
ほっかいどう かんこう
ころがあります。北海道に行ったら、旭山動物園に行ってみたいです。
ほっかいどう い あさひやまどうぶつえん い
富良野には、ラベンダー畑があります。7月が、一番きれいだそうで
ふ ら の ばたけ しち がつ いちばん
す。2月には、札幌で雪まつりがあります。食べ物なら、ラーメン、カ
に がつ さっぽろ ゆき た もの
ニ、メロンがおすすめだそうです。私も、いつか家族と行こうと思い
わたし か ぞく い おも
ます。

Words

北：north／北方／phía bắc
きた

他：others／其他／khác
ほか

違う：different／不同的／khác
ちが

湿気：moisture／湿气／độ ẩm
しっけ

観光する：sightsee／观光／tham quan
かんこう

旭山動物園：Asahiyama zoo／旭山动物园／tháo
あさひやまどうぶつえん　cầm viên Asahiyama

富良野：Furano (name of place)／富良野(地名)
ふ ら の　／Furano (tên địa danh)

ラベンダー畑：lavender field／薰衣草园／cánh
ばたけ　đồng hoa Lavender

札幌：Sapporo (name of the city)／札幌(地名)／
さっぽろ　Sapporo (tên thành phố)

雪まつり：snow festival／雪节／lễ hội tuyết
ゆき

カニ：crab／蟹／cua

メロン：melon／蜜瓜／dưa lưới

おすすめ：recommendation／推荐／đặc biệt giới
thiệu

フォーマル

Situation 社員同士が東京への旅行について話しています。
しゃいんどうし とうきょう りょこう はな

佐藤：4月の終わりに、東京へ旅行に行きたいんです。
さとう しがつ お とうきょう りょこう い

田中：へー。東京に行くならどこへ行きたいですか？
たなか とうきょう い い

佐藤：秋葉原に行ってみたいんです。
あきはばら い

田中：飛行機の予約はしましたか？
ひこうき よやく

佐藤：まだしていません。

田中：4月の終わりからゴールデン・ウィークですよね。早く予約し
しがつ お はや よやく
たほうがいいですよ。混みますから。それで、秋葉原で何をし
こ あきはばら なに
ようと思っているんですか？
おも

佐藤：アニメグッズのお店に行こうと思っているんです。
みせ い おも

田中：アニメグッズは外国人にも人気があるんですよね。
がいこくじん にんき

佐藤：あと、浅草にも行ってみたいんです。
あさくさ い

田中：それなら、はとバスのツアーがいいですよ。はとバスなら、秋
あき
葉原も浅草も行きます。
はばら あさくさ い

佐藤：わー、いいですね。他にもおすすめの場所があったら、教えて
ほか ばしょ おし
ください。

田中：はい、いいですよ。

Words

F 社員同士：fellow employees ／公司员工之间／
しゃいんどうし
nhân viên với nhau

C 友人同士：friends ／朋友之间／ bạn bè với nhau
ゆうじんどうし

旅行：trip ／旅游／ du lịch
りょこう

秋葉原：Akihabara (name of the place) ／秋叶原（地
あきはばら
名）／ Akibahara (tên địa danh)

飛行機：airplane ／飞机／ máy bay
ひこうき

予約：reservation ／预约／ đặt
よやく

〜の終わり：the end of 〜／〜末／ cuối
お

ゴールデン・ウィーク：Golden Week ／黄金周
／ Tuần lễ vàng, Golden Week

混む：be crowded ／拥挤／ đông
こ

アニメグッズ：anime goods ／动漫周边／ đồ vật
hoạt hình

外国人：foreigner ／外国人／ người nước ngoài
がいこくじん

人気な：popular ／受欢迎的／ ưa thích
にんき

はとバス：HATO bus (sightseeing bus) ／鸽子巴士
／ xe buýt du lịch Hato

カジュアル

Situation　友人同士が東京への旅行について話しています。 42
　　　　　　ゆうじんどうし　とうきょう　りょこう　　　はな

メイ：4月の終わりに、東京へ旅行に行きたいんだー。
　　　しがつ　お　　　とうきょう　りょこう　い

友太：へー。東京に行くならどこへ行きたいの？
　ゆうた　　　とうきょう　い　　　　　　　い

メイ：秋葉原に行ってみたいんだ。
　　　あきはばら　い

友太：飛行機の予約はした？
　　　ひこうき　よやく

メイ：まだしてないよ。

友太：4月の終わりからゴールデン・ウィークでしょ。早く予約した
　　　しがつ　お　　　　　　　　　　　　　　　　　　　はや　よやく
　　　ほうがいいよ。混むからね。で、秋葉原で何をしようと思って
　　　　　　　　　　こ　　　　　　　あきはばら　なに　　　　　　　おも
　　　るの？

メイ：アニメグッズのお店に行こうと思ってるの。
　　　　　　　　　　みせ　い　　おも

友太：アニメグッズは外国人にも人気があるんだよね。
　　　　　　　　　　がいこくじん　にんき

メイ：あと、浅草にも行ってみたいんだ。
　　　　　あさくさ　い

友太：それなら、はとバスのツアーがいいよ。はとバスなら、秋葉原
　　　　　　　　　　　　　　　　　　　　　　　　　　　　　あきはばら
　　　も浅草も行くよ。
　　　　あさくさ　い

メイ：わー、いいね。他にもおすすめの場所があったら、教えてね。
　　　　　　　　　ほか　　　　　　　　ばしょ　　　　　　おし

友太：うん、いいよ。

ツアー：tour ／短途旅行／ tour
他：others ／其他／ khác
ほか
おすすめ：recommendation ／推荐／ đặc biệt giới
　　　　thiệu
場所：place ／地点／ địa điểm
ばしょ
教える：teach/tell ／传授／ chỉ bảo
おし

Section II

我が輩は猫駅長である

Station master whoes name is "I am a cat" ／吾輩是猫站长／
Tớ là chú mèo trưởng nhà ga.

日本には、猫の駅長がいます。2008年に和歌山県の貴志駅で「たま」という猫が駅長になりました。現在は、「たま」二世の「ニタマ」が駅長を務めています。貴志駅の駅舎は猫の形で、その中には「たまカフェ」や「たまショップ」があります。ホームには、「たま神社」もあります。猫の顔をした「たま電車」も走っています。その電車は、外も中も猫の絵でいっぱいです。外国のニュースにも出たことがあって、貴志駅は、国内はもちろん、海外からも観光客が訪れる人気スポットになりました。猫駅長は水曜日と木曜日が休みです。猫駅長に会いに行くときは覚えておいてくださいね。

In Japan, there is a cat station master. In 2008, at Kishi station in Wakayama prefecture, a cat named "Tama" became the station master. Currently, the second generation of Tama, "Ni-Tama" is the station' master. The the station building is in shape of a cat, and there are "Tama cafe," "Tama shop," etc., within the building. There is also "Tama Shrine" on the platform and a train with cat's face, "Tama train." Both outside and inside of the train is filled with cats' pictures. This was reported in the news of foreign countries, so it became a popular spot where domestic tourists as well as tourists from overseas visit. The cat station master has Wednesday and Thursday off. Please remember this when you go visit the cat station master.

在日本，有一位猫站长。2008 年，在和歌山县的贵志车站，有一位名叫"小玉"的猫成为了这个车站的站长。现在是"小玉"二代，"二玉"在担任着车站站长的职务。贵志车站的站房造型就是一只猫，里面设有"小玉咖啡馆"和"小玉商店"。站台上还有一个名为"小玉神社"的神社。还有一辆外形是猫脸的"小玉电车"在行驶着。这台电车里外都充满了猫的图案。贵志车站曾经登上过国外新闻，也因此成为了国内外游客热门的旅游景点。猫站长的休息日是每周的星期三和星期四。当你要去拜访猫站长的时候，请记得这个休息日哦。

Ở Nhật Bản, có một trưởng nhà ga là một chú mèo. Vào năm 2008, ga Kishi tỉnh Wakayama có một chú mèo tên là "Tama" đã trở thành trưởng nhà ga. Hiện nay, có một chú mèo đời thứ hai của Tama, tên là "Nitama" đang làm chức vụ này. Nhà ga Kishi có hình chú mèo, trong đó có "cà phê Tama" và "shop Tama". Trên sân ga, có "đền thờ Tama". Có "xe điện Tama" có hình mặt chú mèo đang vận hành. Xe điện đó trong ngoài đều có rất nhiều tranh mèo. Đã từng có nhiều tin tức nước ngoài đưa tin, ga Kishi, tất nhiên trở thành địa điểm du lịch nổi tiếng có nhiều khách du lịch trong và ngoài nước đến thăm. Chú mèo trưởng nhà ga nghỉ vào thứ tư và năm. Các bạn muốn ghé thăm trưởng nhà ga thì hãy nhớ nhé.

Self Check ☑

● 自己評価をしてみましょう。
Let's make a self-assessment.　自我评价一下吧。Thử tự đánh giá bản thân

① 下の音声ファイルをシャドーイングして、自分の声を録音します。

② スクリプトを見ながら録音を聞き、できているかどうか確認しましょう。そして、チェック表で得点をつけましょう。

③ うまく言えなかった部分には○をつけましょう。

① Use the following audio file for shadowing, and record your voice.	① 跟读下面的音频，给自己录个音。	① Luyện tập shadowing (nói theo) file âm thanh, sau đó tự thu âm giọng của mình.
② Listen to your recording while looking at the script, and confirm whether you were able to complete it or not. Then score your recording, using the check table.	② 看着脚本内容听录音，确认自己是否跟上了。然后在确认表上打分吧。	② Vừa nghe thu âm vừa xem phần script trong sách, kiểm tra xem mình đã làm được hay chưa. Sau đó tự chấm điểm ở bảng kiểm tra.
③ Mark the parts with ○ that you could not repeat well.	③ 在没有能跟对的地方上做个 "○" 的标记。	③ Đánh dấu ○ vào phần chưa nói được tốt.

Unit 6

 28

相撲は日本のスポーツです。

お相撲さんは相撲の選手です。

そして、体がとても大きいです。

外国人のお相撲さんもいます。日本語がとても上手です。

お相撲さんは、毎朝相撲の練習をします。

自由時間もあります。

自由時間には、寝たり、本を読んだりします。

自転車でコンビニにも行きます。

	1	2	3	4	合計
❶ 正確に言葉や文が言えた	1	2	3	4	
❷ 正確に発音できた	1	2	3	4	
❸ 飛ばさずに、スムーズに言えた	1	2	3	4	／12点

See➡ p.12,16,20

34

みなさんは、毎年、1月1日、0時0分に何をしていますか?

寝ていますか? パーティーをしていますか? 花火を見ていますか?

日本では、12月31日はたいてい家族と過ごします。

たとえば、家族といっしょにお正月の準備をします。

そして、ごはんを食べたり、テレビを見たりします。

花火はあまりしません。

大晦日の夜は、けっこう静かです。

❶ 正確に言葉や文が言えた	1	2	3	4	合計
❷ 正確に発音できた	1	2	3	4	
❸ 飛ばさずに、スムーズに言えた	1	2	3	4	/12点

See➡ p.12,16,20

40

北海道は、日本の一番北にあります。

日本の他のところと違って、湿気が少ないです。

だから、夏も気持ちがいいです。

北海道には、たくさん観光するところがあります。

北海道に行ったら、旭山動物園に行ってみたいです。

富良野には、ラベンダー畑があります。

7月が、一番きれいだそうです。

2月には、札幌で雪まつりがあります。

食べ物なら、ラーメン、カニ、メロンがおすすめだそうです。

私も、いつか家族と行こうと思います。

❶ 正確に言葉や文が言えた	1	2	3	4	合計
❷ 正確に発音できた	1	2	3	4	
❸ 飛ばさずに、スムーズに言えた	1	2	3	4	/12点

See➡ p.12,16,20

Unit 6～Unit 10のほかの文章も、録音して、自分でチェックしてみましょう!
Record the other sentences from Unit 6 to Unit 10 and check them yourself!
Unit 6～Unit 10以外的文章也试着录个音，自己确认一下吧。
Các bạn cũng hãy tự thu âm và kiểm tra những đoạn văn khác của Unit 6 đến Unit 10.

映画を楽しもう
えいが たの

Let's Enjoy Movies.
尽情享受电影吧！
Thưởng thức phim

N5-N4 ★★★☆☆

see p.151

① 〜とき、〜　　　　そのような場所に行くときは、マナーを守りましょう。
　　　　　　　　　　ばしょ　い　　　　　　　　　まも

② V-ましょう／V-(よ) う　必ず、マナーを守りましょう。
　　　　　　　　　　　　　　かなら　　　　　　まも

 モノローグ 🔊43

最近、映画やアニメに出てくる場
さいきん えいが　　　　で　　　ば
所に行く人が増えています。
しょ い ひと ふ

　たとえば、『君の名は。』という映
きみ な　　　　えい
画です。この映画は、日本でとても
が えいが にほん
人気があります。その理由の一つが、
にんき りゅう ひと
映画に出てくる風景です。とてもきれいです。この映画のおかげで、
えいが で ふうけい えいが
岐阜県に行く人が増えたそうです。
ぎふけん い ひと ふ

　でも、そこに住んでいる人は、少し困っています。それは、マナーが
す ひと すこ こま
悪い人がいるからです。たとえば、夜遅く、そこに行く人がいるそうで
わる ひと よるおそ い ひと
す。そして、大きい声で話すそうです。さらに、勝手に写真を撮るそう
おお こえ はな かって しゃしん と
です。そのような場所に行くときは、必ず、マナーを守りましょう。
ばしょ い かなら まも

Words

出てくる：appear／出現／xuất hiện
で

増える：increase／増加／tăng
ふ

たとえば：for example／比如／ví dụ như

理由：reason／理由／lý do
りゅう

〜の一つ：one of the 〜／〜其中一个／một trong
ひと

風景：scenery／风景／cảnh
ふうけい

〜のおかげ：because of 〜／多亏了～／nhờ vào

岐阜県：Gifu prefecture／岐阜县／tỉnh Gifu
ぎふけん

困る：be in trouble／困扰, 难办／gặp khó khăn
こま

マナー：manner／礼节／ứng xử, thường thức

夜遅く：late at night／很晚／tối khuya
よるおそ

勝手に：without permission／随便地／tự ý
かって

(写真を)撮る：take (photos)／拍(照)／chụp
しゃしん と (hình)

必ず：for sure／一定／nhất định
かなら

守る：follow／守护／tuân thủ
まも

フォーマル

| Situation | クラスメートを映画に誘っています。
えいが　さそ

クリス ：明日、文化センターで日本の映画が見られるそうです。いっ
　　　　あした　ぶんか　　　　　　　にほん　えいが　み
　　　　しょに行きませんか？
　　　　　　い

伊藤 　：どんな映画ですか？
　いとう　　　　えいが

クリス ：『君の名は。』という映画です。
　　　　きみ　な　　　　　　えいが

伊藤 　：聞いたことはありますが、まだ、見たことはありません。いろ
　　　　き　　　　　　　　　　　　　　　　み
　　　　いろな国で人気がある映画ですよね？　ぜひ、**行きましょう**。
　　　　　　くに　にんき　　　えいが　　　　　　　　　い

クリス ：アニメ映画なんですが、友だちは**見たとき**感動したそうです。
　　　　　　　えいが　　　　　とも　　　　　み　　　かんどう

伊藤 　：へー、そうですか。

クリス ：それに、映画に出てくる風景がとてもきれいなんだそうです。
　　　　　　　えいが　で　　　ふうけい
　　　　音楽もいいそうですよ。
　　　　おんがく

伊藤 　：そうなんですね。楽しみです。では、明日どこで**会いましょ**
　　　　　　　　　　　たの　　　　　　　あした　　　　あ
　　　　うか。

クリス ：3時に、郵便局の前はどうですか？
　　　　さんじ　ゆうびんきょく　まえ

伊藤 　：いいですね。そう**しましょう**。では、また明日。
　　　　　　　　　　　　　　　　　　　　　あした

クリス ：はい、また明日。
　　　　　　　あした

Words

誘う：invite ／邀请／ rủ, mời さそ	感動する：impressed ／感动／ cảm động かんどう
文化センター：cultural center ／文化中心／ trung ぶんか　　　tâm văn hóa	風景：scenery ／风景／ cảnh ふうけい
『君の名は。』："Your Name" ／《你的名字》／ きみ　な　　　Kimi no na wa (Tên cậu là gì?)	音楽：music ／音乐／ âm nhạc おんがく
	楽しみ：look forward to ／期待／ mong chờ たの
C いろんな：various ／许许多多／ nhiều	郵便局：post office ／邮局／ bưu điện ゆうびんきょく
人気(がある)：popular ／受欢迎的／ được ưa thích にんき	～の前：in front of ～／在～之前／ trước まえ
F ぜひ：certainly ／一定／ nhất định	
アニメ：animation ／动漫／ Anime, hoạt hình	

カジュアル

Situation 友だちを映画に誘っています。

チョウ：明日、文化センターで日本の映画が見られるらしいよ。いっしょに行かない？

メイ　：どんな映画なの？

チョウ：『君の名は。』っていう映画なんだ。

メイ　：聞いたことはあるけど、まだ、見たことはないなー。いろんな国で人気がある映画だよね？　うん、**行こう**。

チョウ：アニメ映画なんだけど、友だちは**見たとき**感動したらしいよ。

メイ　：へー、そうなんだ。

チョウ：それに、映画に出てくる風景がとてもきれいなんだって。音楽もいいらしいよ。

メイ　：そうなんだ。楽しみ。じゃ、明日どこで**会おうか**。

チョウ：3時に、郵便局の前はどう？

メイ　：いいね。そう**しよう**。じゃ、また明日。

チョウ：うん、また明日。

映画を安く見る方法は？

How to see a movie cheaply? ／低价看电影的方法是? ／
Cách nào để xem được phim rẻ?

日本の映画館には、お得な「割引制度」があります。日本に来た外国人から
「日本は映画のチケットが高い」という声を聞くことがありますが、「割引制
度」を利用するとお得です。たとえば、ファーストデー、レイトショー、モー
ニングショー、夫婦50割引などがあります。

"The discount system" at Japanese movie theaters is of a good value. Some foreign visitors to Japan say, "Japanese movie tickets are expensive," but if you use the "discount system," you will find good value. For example, there are discounts for the first day, the late show, the morning show, 50% discount for couples, etc.

在日本的电影院中，有着划算的"优惠制度"。有时会听到来日本的外国人说"日本的电影票价很高"，但是如果利用"优惠制度"，就会非常划算。比如有，首映日、夜场、早场、以及夫妻五折等等的特惠。

Trong rạp chiếu bóng Nhật Bản có "chương trình ưu đãi" rất có lợi. Có thể các bạn đã từng nghe nhiều người nước ngoài đến Nhật Bản phàn nàn "giá vé xem phim ở Nhật Bản mắc" nhưng nếu chúng ta sử dụng "chương trình ưu đãi" thì chúng ta sẽ được giảm nhiều. Ví dụ có những ưu đãi như First day (ngày đầu trong tháng), Late show (xuất khuya), morning show (xuất sáng), vợ chồng 50.

家族との時間
かぞく　　　　じかん

Time with Family
与家人的时光
Thời gian cùng gia đình

N5-N4 ★★★☆☆

see p.152

① **V-てあげます**　　　（私は父に）ケーキを作ってあげます。
わたし　ちち　　　　　　　　　つく

② **V-てもらいます**　　妹は兄に勉強を見てもらいます。
いもうと　あに　べんきょう　み

③ **V-てくれます**　　　母は私たち兄弟が好きなものを作ってくれます。
はは　わたし　　きょうだい　す　　　　　　　つく

 モノローグ 🔊46

　私の家族は5人です。父、母、兄、
わたし　かぞく　ごにん　　ちち　はは　あに
妹、そして私です。父は、会社員です。
いもうと　　　わたし　ちち　　かいしゃいん
母は、スーパーで働いています。妹は、
はは　　　　　　　はたら　　　　　　いもうと
学校から帰って来たら、兄に勉強を見
がっこう　かえ　き　　あに　べんきょう　み
てもらいます。私は、家の掃除や洗濯
わたし　いえ　そうじ　せんたく

などを手伝います。父も母も、料理がとても上手です。私たち兄弟が
てつだ　　　　ちち　はは　りょうり　　　　　じょうず　　わたし　きょうだい
好きなものを**作ってくれます**。私たちは、毎日、いっしょに家でごは
す　　　　つく　　　　　　わたし　　　まいにち　　　　　　いえ
んを食べます。
た

　先週、母の誕生日だったので、私たちは母に花を**あげました**。母は、
せんしゅう　はは　たんじょうび　　　　　わたし　　はは　はな　　　　　　はは
とても喜んでいました。来月は、父の誕生日なので、ケーキを**作って**
よろこ　　　　　らいげつ　ちち　たんじょうび　　　　　　　　　つく
あげます。

Words

家族：family ／家庭成员／ gia đình
かぞく
会社員：company employee ／公司职员／ nhân
かいしゃいん　viên công ty
スーパー：supermarket ／超市／ siêu thị
働く：work ／工作／ làm việc
はたら
帰って来る：returning (home) ／回来／ về đến
かえ　　　nhà
手伝う：help out ／帮忙／ giúp đỡ
てつだ
料理：cooking ／菜／ món ăn
りょうり

もの：things (foods) ／事物／ đồ
誕生日：birthday ／生日／ sinh nhật
たんじょうび
喜ぶ：to be glad ／喜悦／ vui
よろこ

フォーマル

Situation クラスメート同士が家族のことを話しています。

チョウ ：中村くんは、子どものころ、どんな思い出がありますか？

中村 ：僕は、兄によく**遊んでもらいました。**

チョウ ：へー、いいですね。僕は妹がいますが、あまりいっしょに遊びませんでした。でも、よく宿題を**手伝ってあげました。**

中村 ：そうですか。うちも、兄がよく宿題を**手伝ってくれました**よ。

チョウ ：それは、いいですね。僕も、兄がほしかったです。父親が忙しいときは、**遊んでもらえません**でしたから。

中村 ：なるほど…。チョウさんのお母さんは、働いていますか？

チョウ ：はい、IT の会社で働いています。

中村 ：では、とても忙しいですね。

チョウ ：そうですね。でも、週末には、おいしい料理を**作ってくれる**んですよ。

中村 ：それはいいですね。

Words

F **クラスメート同士**：classmates ／同班同学之间 ／ bạn cùng lớp

C **友人同士**：friends ／朋友之间 ／ bạn bè với nhau

思い出：memories ／回忆 ／ kỷ niệm

F **僕**：I (a boy referring to himself) ／我（男性自称） ／ mình, tớ

C **俺**：I (used by a man in a casual conversation) ／我（男性自称） ／ anh, tao

F **兄**：older brother ／哥哥，兄长 ／ anh trai

C **兄貴**：older brother (used when calling or referring to one's older brother) ／哥 ／ anh trai

妹：younger sister ／妹妹 ／ em gái

あまり：not much ／（不）很 ／ không ～ lắm

いっしょに：together ／一起 ／ cùng nhau

遊ぶ：play ／玩耍 ／ chơi

宿題：homework ／作业 ／ bài tập

手伝う：help out ／帮忙 ／ giúp đỡ

うち：home/family ／家里 ／ nhà mình, gia đình

カジュアル

Situation 友人同士が家族のことを話しています。
ゆうじんどうし　　　かぞく　　　はな

48

クリス ：渡辺くんは、子どものころ、どんな思い出がある？
　　　　わたなべ　　　　こ　　　　　　　　　　おも　で

渡辺 ：俺は、兄貴によく遊んでもらったな。
わたなべ　おれ　あにき　　　あそ

クリス ：へー、いいなー。僕は妹がいるけど、あまりいっしょに遊ば
　　　　　　　　　　　ぼく　いもうと　　　　　　　　　　　　　　あそ
　　　　なかったよ。でも、よく宿題を手伝ってあげたなー。
　　　　　　　　　　　　　　しゅくだい　てつだ

渡辺 ：そう。うちも、兄貴がよく宿題を手伝ってくれたよ。
　　　　　　　　　　あにき　　　しゅくだい　てつだ

クリス ：それは、いいねー。僕も、お兄ちゃんがほしかったなー。父
　　　　　　　　　　　　　ぼく　　にい　　　　　　　　　　　　ちち
　　　　親が忙しいときは、遊んでもらえなかったから。
　　　　おや　いそが　　　　　あそ

渡辺 ：なるほど…。クリスくんのお母さんは、働いてるの？
　　　　　　　　　　　　　　　　　かあ　　　　はたら

クリス ：うん、ITの会社で働いてるよ。
　　　　　アイティー　かいしゃ　はたら

渡辺 ：じゃあ、とても忙しいね。
　　　　　　　　　　いそが

クリス ：そうだね。でも、週末には、おいしい料理を作ってくれるん
　　　　　　　　　　　　しゅうまつ　　　　　　　　りょうり　つく
　　　　だよ。

渡辺 ：それはいいね。

---

　　　　　　mình

ほしい：want ／想要／ muốn có

父親：father ／父亲，爸爸／ bố, ba
ちちおや

忙しい：busy ／忙碌的／ bận
いそが

なるほど：I see ／原来如此／ thì ra là vậy

働く：work ／工作／ làm việc
はたら

IT：IT (information technology) ／信息技术／ IT
アイティー

週末：weekend ／周末／ cuối tuần
しゅうまつ

おいしい：delicious ／美味的／ ngon

Section III

97

一家団らん
いっかだん

Happy family get-together ／一家団聚／ Gia đình đoàn viên

家族が集まって、いっしょにごはんを食べたり、いろいろなことを話したりして、楽しく過ごすことを「一家団らん」と言います。ドラマやアニメで、家族がいっしょにごはんを食べながら、会社や学校の話などをしているのを見たことがあると思います。でも、最近は家族の誰かが忙しかったり、一人で生活をしている人が増えたりして、その機会が減っています。そのため、「一家団らん」ができるのはお正月やお盆などに実家に帰ったときだけという人も少なくありません。家族の形は変わってきていますが、コミュニケーションだけは大切にしたいですね。

"Happy family get-together" is the expression meaning that a family gets together, eats a meal, talks about various things, and enjoys spending time together. I am sure you watched a drama or animation where a family is talking about work, school, etc., while eating a meal together. However, recently, some family members are busy, and there are more people who live alone, so this opportunity is decreasing. Therefore, many people can only experience "happy family get-together" when they go back to their parent's home for New Year's Day, Obon, etc. The family situation has changed but at least the communication among the family members should be treasured.

家人们聚在一起共进晚餐，谈天说地，愉快地度过一段时间，这被称为"一家团聚"。你们应该有在电视剧或者动漫里，见过一家人坐在一起吃饭，谈论一些工作或者学校的事情。然而，最近在家庭中，变得忙碌，或者独自生活的成员变得多起来，"一家团聚"的机会就变少了。因此，有许多人只能在正月或孟兰盆节等时候才能回到家乡，实现"一家团聚"。虽然家庭的形态在发生改变，但沟通始终是非常重要的。

Việc gia đình tập trung lại cùng ăn uống, trò chuyện, cùng trải qua những thời gian vui vẻ với nhau thì người ta gọi là "gia đình đoàn viên". Chắc hẳn các bạn đã từng xem những cảnh gia đình cùng nhau ăn cơm và nói chuyện với nhau về công ty hay trường học trong phim ảnh hay trong truyện tranh. Tuy nhiên, gần đây vì một ai đó trong gia đình bận hay vì càng ngày càng có nhiều người sống một mình mà những cơ hội như thế càng ít đi. Vì vậy mà không ít người có được cơ hội "đoàn viên cùng gia đình" chỉ khi họ về nhà dịp Tết hay dịp Obon. Hình ảnh về gia đình có thể khác đi nhưng chúng ta hãy trân trọng giao tiếp trong gia đình.

観光地、あちらこちら　N5-N4 ★★★☆☆
かんこうち

Tourist Spots, Here and There ／遍地的景点／ Đây đó các địa danh du lịch

SRB ▶p.152

① **N1というN2**　　　　宮島という観光地
　　　　　　　　　　　　みやじま　　かんこうち

② **V-（ら）れます＜受身＞**　それらは、日本三景と呼ばれています。
　　　　　　うけみ　　　　　　　にほんさんけい　よ

 モノローグ 🔊49

　日本には、北海道、本州、四国、九
にほん　　ほっかいどう　ほんしゅう　しこく　きゅう
州 という四つの大きい島があります。日
しゅう　　　よっ　おお　　しま　　　　　　　　に
本の一番南には、沖縄があります。どの
ほん　いちばんみなみ　　　おきなわ
島にも有名な観光地がたくさんあります。
しま　　ゆうめい　かんこうち

　たとえば、北海道では、札幌の雪まつ
　　　　　　ほっかいどう　　さっぽろ　ゆき
りや、函館山から見る夜景が有名です。函館の夜景は、日本三大夜景
はこだてやま　　み　や けい　ゆうめい　　はこだて　やけい　にほんさんだいやけい
の一つです。また、本州には、松島、天橋立、宮島という観光地があ
ひと　　　　　ほんしゅう　　まつしま　あまのはしだて　みやじま　　かんこうち
ります。それらは、日本三景と呼ばれています。そして、有名な温泉も
にほんさんけい　よ　　　　　　　　　　　ゆうめい　おんせん
たくさんあります。道後温泉は、夏目漱石が書いた『坊ちゃん』とい
どうごおんせん　なつめそうせき　か　　ぼっ
う小説に出てくることで**知られています**。このような観光地には、海外
しょうせつ　で　　　　　し　　　　　　　　　　　かんこうち　　かいがい
からも多くの観光客が集まります。
おお　かんこうきゃく　あつ

Words

島：island ／岛屿／ đảo しま	小説：novel ／小说／ tiểu thuyết しょうせつ
観光地：tourist place ／观光地／ nơi du lịch かんこうち	このような：like this ／这样／ ~ như thế này
たとえば：for example ／比如／ ví dụ như	海外：overseas ／海外／ nước ngoài かいがい
雪まつり：snow festival ／雪节／ lễ hội tuyết ゆき	
夜景：night view ／夜景／ gọi やけい	
本州：main island (of Japan) ／本州／ Honshu ほんしゅう	
日本三景：Japan's three famous sights ／日本三景 にほんさんけい　　　／ Tam cảnh Nhật Bản	
呼ぶ：call ／称为／ gọi よ	

ダイアローグ

フォーマル

Situation 社員同士が夏休みの旅行について話しています。

吉田：今年の夏休みに、どこか行きますか？

山本：はい。家族に沖縄に行きたいと言われました。

吉田：へー、そうですか。沖縄は、きれいな海があって、とてもいい
　　　ところですよ。

山本：行ったことがあるんですか？

吉田：はい、あります。去年の夏休みに、友だちと四日間行って来ま
　　　した。首里城とか、美ら海水族館とか、とてもよかったですよ。
　　　食べ物は、海ぶどうという海藻がめずらしかったです。

山本：なるほど。

吉田：いつ行くんですか？

山本：実は、いつ夏休みをとったらいいか、迷っているんです。

吉田：やっぱり、沖縄は梅雨明けの7月に行くのが一番いいと思いま
　　　す。

山本：そうですか。ありがとうございます。

Words

F 社員同士：fellow employees ／公司员工之间／ nhân viên với nhau

C 同僚同士：colleagues ／同事之间／ đồng nghiệp với nhau

きれいな：beautiful ／美丽的／ đẹp

首里城：Shuri castle ／首里城／ thành Shuri, Shurijo

美ら海水族館：Chura Umi Acquarium ／美丽海水族馆／ thủy cung Churaumi

海ぶどう：sea grapes ／海葡萄／ rong nho

海藻：sea weed ／海藻／ rong biển

めずらしい：rare ／罕见的／ hiếm

なるほど：I see ／原来如此／ thì ra là vậy

実は：as a matter of fact ／老实说／ thật ra

夏休みをとる：take summer vacation ／过暑假／ nghỉ hè

迷う：be perplexed ／犹豫／ đắn đo

やっぱり：as I thought ／果然／ quả thật là

カジュアル

Situation　同僚同士が夏休みの旅行について話しています。
　　　　　　どうりょうどうし　なつやす　りょこう　　　はな

田中：今年の夏休み、どこか行く？
たなか　ことし　なつやす　　　　　い

小林：うん。家族に沖縄に行きたいって**言われた**んだ。
こばやし　　　かぞく　おきなわ　い　　　　　い

田中：へー、そうなんだ。沖縄は、きれいな海があって、とてもいい
おきなわ　　　　　　うみ

　　　ところだよ。

小林：行ったことあるの？
い

田中：うん、あるよ。去年の夏休みに、友だちといっしょに四日間。
きょねん　なつやす　とも　　　　　　　　　よっかかん

　　　首里城とか、美ら海水族館とか、すごくよかったよ。食べ物は、
しゅりじょう　ちゅ　うみすいぞくかん　　　　　　　　　　　た　もの

　　　海ぶどう**っていう**海藻がめずらしかったな。
うみ　　　　　かいそう

小林：なるほど。

田中：いつ行くの？
い

小林：実は、いつ夏休みをとったらいいか、迷ってるんだ。
じつ　　　なつやす　　　　　　　　　まよ

田中：やっぱり、沖縄は梅雨明けの7月に行くのが一番いいと思うよ。
おきなわ　つゆあ　しちがつ　い　　　いちばん　　　おも

小林：そっか。ありがとう。

梅雨明け：after the rainy season ／过梅雨季／ qua
つゆあ
　　mùa mưa

C そっか：That's right.(casual) ／是么／ thế à

これ知ってる？

日本三大夜景
にほんさんだいやけい
Three famous night views of Japan ／日本三大夜景／
Ba tuyệt cảnh Nhật Bản về đêm

日本にはたくさんの観光地があります。東京、大阪以外にもいろいろな観光地があって、歴史や文化などで有名な場所が多いです。そればかりではなく、美しい夜景で有名な「日本三大夜景」もあります。みなさんはそれがどこか知っていますか？　写真を見てください。

　これは北海道の函館山からの夜景です。函館の夜景は、「日本三大夜景」の一つとして有名なだけではなく、「世界三大夜景」の一つでもあります。函館山に登ると、きれいな夜景を楽しむことができます。そのほかの「日本三大夜景」は神戸と長崎の夜景で、1,000万ドルの夜景とも言われるほど美しいです。

函館山からの夜景：写真AC
はこだてやま　やけい

There are many sightseeing spots in Japan. Besides Tokyo and Osaka, there are various places that are famous for history, culture, etc. Not only that, there are three famous night views of Japan which are well-known for beautiful night views. Do you know where they are? Please look at the photo.
This is the night view from Mt. Hakodate in Hokkaido. The night view of Hakodate is not only known as one of the "three famous night views of Japan," but also as "three famous night views of the world." The other two are the night views of Kobe and Nagasaki. They are so beautiful that they are called the night view of 10 million dollars.

日本有许多旅游景点。除了东京，大阪以外，还有许多以历史和文化而闻名的地方。不仅如此，还有以美丽夜景而著名的"日本三大夜景"。大家知道它们是哪里吗？请看照片。
这是在北海道的函馆山上俯瞰的夜景。函馆的夜景不仅是著名的"日本三大夜景"之一，还是"世界三大夜景"之一。当你登上函馆山时，可以欣赏到美丽的夜景。其他的"日本三大夜景"还包括神户和长崎的夜景，它们被称为价值千万美元的夜景，非常壮丽。

Nhật Bản là quốc gia có nhiều điểm du lịch. Có nhiều địa điểm du lịch ngoài Tokyo, Osaka, nhiều nơi nổi tiếng về văn hóa, lịch sử. Không chỉ thế, cũng có những nơi nổi tiếng về cảnh đêm và được phong là "ba tuyệt cảnh Nhật Bản về đêm". Các bạn có biết những nơi đó ở đâu không? Các bạn hãy xem hình ảnh.
Đây là cảnh đêm nhìn từ núi Hakodate ở Hokkaido. Cảnh đêm ở Hakodate không chỉ nổi tiếng là một trong "ba tuyệt cảnh Nhật Bản về đêm" mà còn nằm trong "ba tuyệt cảnh về đêm của thế giới". Khi chúng ta leo lên núi Hakodate, chúng ta có thể thưởng thức được cảnh đêm tuyệt đẹp. Hai địa điểm khác trong "ba tuyệt cảnh Nhật Bản về đêm" là cảnh đêm Kobe và Nagasaki, đẹp đến mức được gọi là cảnh đêm đáng giá 10 triệu USD.

鉄道で旅行を

<ruby>鉄道<rt>てつどう</rt></ruby>で<ruby>旅行<rt>りょこう</rt></ruby>を

Travel by Trains
坐上火车去旅行
Du lịch bằng đường sắt

N5-N4 ★★★☆☆

see▶ p.152

① Nしか＋<ruby>否定文<rt>ひていぶん</rt></ruby>　　<ruby>昔<rt>むかし</rt></ruby>は、<ruby>船<rt>ふね</rt></ruby>しかありませんでした。

② V-てほしいです　　<ruby>掃除<rt>そうじ</rt></ruby>する<ruby>人<rt>ひと</rt></ruby>たちを、ぜひ<ruby>見<rt>み</rt></ruby>てほしいです。

モノローグ

🔊52

<ruby>日本<rt>にほん</rt></ruby>は「<ruby>鉄道王国<rt>てつどうおうこく</rt></ruby>」といわれるほど、<ruby>鉄道<rt>てつどう</rt></ruby>が<ruby>発達<rt>はったつ</rt></ruby>しています。その<ruby>中<rt>なか</rt></ruby>でも、<ruby>新幹線<rt>しんかんせん</rt></ruby>はとても<ruby>速<rt>はや</rt></ruby>く、<ruby>時間<rt>じかん</rt></ruby>が<ruby>正確<rt>せいかく</rt></ruby>で、<ruby>安全<rt>あんぜん</rt></ruby>な<ruby>乗<rt>の</rt></ruby>り<ruby>物<rt>もの</rt></ruby>として<ruby>有名<rt>ゆうめい</rt></ruby>です。

　<ruby>昔<rt>むかし</rt></ruby>は、<ruby>本州<rt>ほんしゅう</rt></ruby>から<ruby>九州<rt>きゅうしゅう</rt></ruby>や<ruby>北海道<rt>ほっかいどう</rt></ruby>に<ruby>行<rt>い</rt></ruby>くとき、<ruby>船<rt>ふね</rt></ruby>しかありませんでした。でも<ruby>今<rt>いま</rt></ruby>は、<ruby>本州<rt>ほんしゅう</rt></ruby>とそれらの<ruby>大<rt>おお</rt></ruby>きな<ruby>島<rt>しま</rt></ruby>を<ruby>結<rt>むす</rt></ruby>ぶトンネルがあります。

　もし<ruby>東京駅<rt>とうきょうえき</rt></ruby>に<ruby>行<rt>い</rt></ruby>ったら、そこで<ruby>新幹線<rt>しんかんせん</rt></ruby>を<ruby>掃除<rt>そうじ</rt></ruby>する<ruby>人<rt>ひと</rt></ruby>たちを、ぜひ<ruby>見<rt>み</rt></ruby>てほしいです。<ruby>彼<rt>かれ</rt></ruby>らは、たった7<ruby>分<rt>ふん</rt></ruby>で、<ruby>新幹線<rt>しんかんせん</rt></ruby>を<ruby>掃除<rt>そうじ</rt></ruby>します。また、<ruby>駅<rt>えき</rt></ruby>のホームでお<ruby>辞儀<rt>じぎ</rt></ruby>をして<ruby>新幹線<rt>しんかんせん</rt></ruby>の<ruby>乗客<rt>じょうきゃく</rt></ruby>を<ruby>迎<rt>むか</rt></ruby>えたり、<ruby>見送<rt>みおく</rt></ruby>ったりもします。そこから、<ruby>日本<rt>にほん</rt></ruby>の「おもてなし」を<ruby>感<rt>かん</rt></ruby>じることができます。

Words

<ruby>鉄道王国<rt>てつどうおうこく</rt></ruby>：kingdom of railroad ／铁路王国／ quốc gia phát triển ngành đường sắt

<ruby>発達<rt>はったつ</rt></ruby>する：develop ／发达／ phát triển

<ruby>新幹線<rt>しんかんせん</rt></ruby>：bullet train ／新干线／ Shinkansen

<ruby>正確<rt>せいかく</rt></ruby>な：accurate ／正确的／ chính xác

<ruby>本州<rt>ほんしゅう</rt></ruby>：main island (of Japan) ／本州／ Honshu

<ruby>九州<rt>きゅうしゅう</rt></ruby>：Kyushu ／九州／ Kyushu

<ruby>結<rt>むす</rt></ruby>ぶ：connect ／结合／ kết nối

トンネル：tunnel ／隧道／ đường hầm

ホーム：platform ／站台／ sân ga

お<ruby>辞儀<rt>じぎ</rt></ruby>をする：bow ／鞠躬，行礼／ cúi chào

<ruby>乗客<rt>じょうきゃく</rt></ruby>：passenger ／乘客／ hành khách

<ruby>迎<rt>むか</rt></ruby>える：welcome ／迎接／ đón

<ruby>見送<rt>みおく</rt></ruby>る：see off ／目送／ tiễn

おもてなし：hospitality ／接待／ lòng hiếu khách

<ruby>感<rt>かん</rt></ruby>じる：feel ／感到／ cảm nhận

フォーマル

| Situation | 社員同士が京都への旅行について話しています。 **53**
しゃいんどうし　きょうと　　りょこう　　　　　　はな

吉田：今度の土曜日、友だちと京都に行くんです。
よしだ　こんど　どようび　とも　　きょうと　い

山本：いいですね。どうやって行くんですか？
やまもと　　　　　　　　　い

吉田：東京駅から新幹線で行くんです。
とうきょうえき　しんかんせん　い

山本：そうですか。何日ぐらい行く予定なんですか？
なんにち　　　い　よてい

吉田：月曜日は仕事なので、二日しかないんです。山本さんは行った
げつようび　しごと　　　　ふつか　　　　　　やまもと　　い
ことがありますか？

山本：私は夜行バスで京都に行ったことがあります。でも、あれはち
わたし　やこう　　きょうと　い
ょっと大変でした。
たいへん

吉田：夜行バスは安いですが、新幹線のほうが楽ですよね？
やこう　やす　　　しんかんせん　　らく

山本：そうですね。新幹線だったら、富士山も見られますしね。天気
しんかんせん　　ふじさん　み　　　　　てんき
がよかったら、東京を出発して30分で見えてきますよ。
とうきょう　しゅっぱつ　さんじゅっぷん　み

吉田：そうなんですか。あー、土曜日は晴れてほしいです。
どようび　は

Words

F 社員同士：fellow employees／公司员工之间／
しゃいんどうし
nhân viên với nhau

C 友人同士：friends／朋友之间／bạn bè với nhau
ゆうじんどうし
東京駅：Tokyo station／东京站／ga Tokyo
とうきょうえき
新幹線：bullet train／新干线／Shinkansen
しんかんせん
夜行バス：night bus／夜间巴士／xe buýt đêm
やこう
安い：cheap／便宜的／rẻ
やす
楽な：comfortable／轻松的／thoải mái
らく
そう（だ）：I think so.／我也觉得／đúng rồi

富士山：Mount Fuji／富士山／núi Phú Sĩ
ふじさん
天気：weather／天气／thời tiết
てんき
出発する：depart／出发／xuất phát
しゅっぱつ
晴れる：to be sunny／天晴／nắng đẹp
は

104

カジュアル

Situation 友人同士が京都への旅行について話しています。
ゆうじんどうし きょうと りょこう はな

 54

渡辺：今度の土曜日、友だちと京都に行くんだー。
わたなべ こん ど ど よう び とも きょうと い

伊藤：いいね。どうやって行くの？
い とう い

渡辺：東京駅から新幹線で。
とうきょうえき しんかんせん

伊藤：そう。何日ぐらい行く予定なの？
なんにち い よ てい

渡辺：月曜日は授業だから、二日しかないんだ。伊藤さんは行ったこ
げつよう び じゅぎょう ふつか い とう い

とある？

伊藤：私は夜行バスで京都に行ったことがあるよ。でも、あれはちょ
わたし や こう きょう と い

っと大変だったな。
たいへん

渡辺：夜行バスは安いけど、新幹線のほうが楽だよね？
や こう やす しんかんせん らく

伊藤：そうだね。新幹線だったら、富士山も見られるしね。天気がよ
しんかんせん ふ じ さん み てん き

かったら、東京を出発して30分で見えてくるよ。
とうきょう しゅっぱつ さんじゅっぷん み

渡辺：そうなんだ。あー、土曜日は晴れてほしいな。
ど よう び は

シェアサイクル

Share cycle ／ 共享単车 ／ Share cyle

　ぐるりん、ぴーすくる、かごりん、ちゅらちゃり。これらは日本全国にある「シェアサイクル」の名前です。「シェアサイクル」とは、他人と自転車をシェアして使うことができるサービスです。このサービスを使うためには、まずアプリをダウンロードして、会員登録をしてください。そうすれば、自転車がある場所がわかります。自転車は好きな時間に使うことができます。そして、借りた場所に戻す必要はありません。自転車なので、環境にやさしいです。それに、いい運動になります。観光、買い物、通学、通勤などに使ってみませんか？

参考：「Bike Share service」https://www.d-bikeshare.com/（2023 年 6 月 27 日閲覧）

Guru-rin, Peace-kuru, Kago-rin, Chura-chari, these are the names of "Share Cycle" which are all over Japan. "Share Cycle" is a service that allows people to share bicycles with other people. In order to use this service, first of all, please download the app and register as a member. Then you will know where the bicycles are. You can use a bicycle whenever you want. You do not need to return it to the place where you borrowed. Bicycles are good for the environment. Besides, riding a bicycle would be a good exercise for you. Why don't you use it for sight seeing, shopping, commuting to school and work, etc.?

"ぐるりん"，"ぴーすくる"，"かごりん"，"ちゅらちゃり"。这些是在日本各地的"共享单车"的名称。"共享单车"是指可以与他人共享使用自行车的服务。使用这项服务，首先需要下载应用程序并进行会员注册。这样的话，就可以知道自行车的所在位置了。可以在任意的时间使用自行车，而且无需将其归还到租用的位置。由于是自行车，所以也很环保，并且骑行也是一项良好的运动。不如试试在观光、购物、上学、上班的时候使用共享单车吧。

Gururin, Peacle, Kagorin, Churachari. Đây là những tên gọi của hệ thống "share cycle". "Share cycle" là dịch vụ dùng chung xe đạp với người khác. Để sử dụng dịch vụ này, trước tiên chúng ta tải ứng dụng, và hãy đăng ký thành viên. Nếu chúng ta làm thế, chúng ta có thể biết được vị trí có xe đạp. Chúng ta có thể sử dụng xe đạp vào thời điểm chúng ta muốn dùng. Hơn nữa, chúng ta không cần trả về vị trí chúng ta đã mượn. Vì là xe đạp nên rất thân thiện với môi trường. Và là một cách vận động rất tốt. Các bạn có muốn thử sử dụng để đi tham quan, mua sắm, đi học hay đi làm không?

健康のために
けんこう

For Health
为了身体健康
Vì sức khỏe

N5-N4 ★★★☆☆

see p.152

① Sても、〜　　80歳になっても、自分の歯を20本以上残そう。
さい　　　　　　　じぶん　は　　ぽん いじょうのこ

② 〜ば、〜　　20本以上自分の歯があれば、おいしく食べられます。
ぽん いじょうじぶん　は　　　　　　　　た

モノローグ

🔊55

　食べることは、人生の大きな楽しみです。
た　　　　　　　じんせい　おお　　たの

その食べるときに必要なのが「歯」です。
た　　　　　ひつよう　　　は

　「8020運動」は、「80歳になっても、
はちまるにいまる うんどう　　　はちじゅっさい

自分の歯を20本以上残そう」という運動
じぶん　は　にじゅっぽんいじょうのこ　　　　うんどう

です。歯を守るためには、どうしたらいい
は　まも

でしょうか。

・食べるときは、よくかみましょう。
た

・食べたら、歯をみがきましょう。
た　　　は

・寝る前も、みがきましょう。
ね　まえ

　20本以上自分の歯があれば、いつまでもおいしく食べられます。
にじゅっぽんいじょうじぶん　は　　　　　　　　　　　　　た

自分の歯は、自分で守りましょう。
じぶん　は　　じぶん　まも

Words

人生：one's life ／人生／ đời người
じんせい

楽しみ：look forward to ／乐趣／ mong chờ
たの

必要な：necessary ／必要的／ cần thiết
ひつよう

歯：tooth ／牙齿／ răng
は

運動：exercise ／运动／ vận động
うんどう

〜以上：more than 〜 ／～以上／ trên 〜
いじょう

残す：leave (behind) ／剩下／ còn lại
のこ

守る：follow ／守护／ tuân thủ
まも

かむ：chew ／咬／ nhai

(歯を)みがく：brush teeth ／刷牙／ đánh răng
は

寝る前：before going to bed ／睡前／ trước khi
ね　まえ　　ngủ

フォーマル

| Situation | 社員同士が歯について話しています。

佐藤：この間、アイスを食べて、歯が痛くなりました。

田中：えっ、もしかして、虫歯ですか？

佐藤：母に言われて、歯医者に行ったんです。

田中：それで、悪いところがありましたか？

佐藤：虫歯じゃなかったみたいです。甘いものや冷たいものがよくないんだそうです。

田中：へー、そうなんですか。それで、どうすればいいと言っていましたか？

佐藤：**痛くても、放っておけば治る**そうです。

田中：えっ、そうなんですか？　でも、不安じゃありませんか？

佐藤：はい…。でも、それはしょうがないですよね。甘いものや冷たいものを食べないように言われました。

田中：佐藤さんは、アイスが好きでしょう？　我慢できますか？

佐藤：できますよ。我慢、我慢です。

Words

F 社員同士：fellow employees ／公司员工之间／ nhân viên với nhau

C 友人同士：friends ／朋友之间／ bạn bè với nhau

歯：tooth ／牙齿／ răng

この間：the other day ／最近，前不久／ hôm nọ

アイス：ice cream ／雪糕／ kem

痛い：painful ／痛的／ đau

もしかして：maybe ／莫非／ chẳng lẽ là

虫歯：cavity ／蛀牙／ sâu răng

歯医者：dentist ／牙医／ nha sĩ

悪いところ：bad part ／坏的地方／ chỗ không tốt

甘いもの：sweet things (food or drink) ／甜食／ đồ ngọt

冷たいもの：cold things (food or drink) ／冰，冷的食物／ đồ lạnh

よくない：not good ／不好／ không tốt

放っておく：leave (it) ／先放着／ để vậy

治る：heal ／治疗／ tự khỏi

カジュアル

Situation 友人同士が歯について話しています。
_{ゆうじんどうし} _は _{はな}

 57

桜 ：この間、アイス食べて、歯が痛くなっちゃった。
_{さくら} _{あいだ} _た _は _{いた}

大希：えっ、もしかして、虫歯？
_{だいき} _{むし ば}

桜 ：お母さんに言われて、歯医者に行ったの。
_{さくら} _{かあ} _い _{は いしゃ い}

大希：で、悪いところあった？
_{だいき} _{わる}

桜 ：虫歯じゃなかったみたい。甘いものや冷たいものがよくないん
_{さくら} _{むし ば} _{あま} _{つめ}

　　だって。

大希：へー、そうなんだ。で、どうすればいいって？

桜 ：**痛くても、放っておけば治るって。**
_{さくら} _{いた} _{ほう} _{なお}

大希：えっ、そうなの？　でも、不安じゃない？
_{だいき} _{ふ あん}

桜 ：うん…。でも、それはしょうがないよね。甘いものや冷たいも
_{さくら} _{あま} _{つめ}

　　のを食べないようにだって。
_た

大希：桜ちゃんは、アイス好きでしょう？　我慢できる？
_{だいき} _{さくら} _す _{が まん}

桜 ：できるよ。我慢、我慢。
_{さくら} _{が まん} _{が まん}

不安：anxious ／不安，担心／ lo, bất an
_{ふ あん}

しょうがない：It cannot be helpeed. ／没办法／
　　　　bó tay, chịu

我慢：be patient ／忍受／ chịu đựng
_{が まん}

これ知ってる？

長生きするための食品とは？

How old would you like to live？／长寿需要吃什么？／
Những loại thực phẩm nào kéo dài tuổi thọ?

みなさんは、何歳まで生きたいですか？　これから、日本社会には100歳まで生きる人がどんどん増えていくので、日本政府は2021年4月から、70歳まで働けるシステムを作りました。もちろん、70歳まで働いたほうがいいと思う人もいれば、残りの人生を自由に楽しみたいと思う人もいます。

　さて、日本の中で、100歳以上の人の割合が一番大きい県はどこかわかりますか？　その答えは、島根県です。なぜ島根県の人々は長生きするのでしょうか。それは、島根では、EPAやDHAが多く含まれるシジミやサバなどがよく食べられているからです。納豆、味噌などの発酵食品も体にいいそうです。長生きしたい人はぜひトライしてみてください。

How old would you like to live? From now on, in Japanese society, those who live up to 100 years old will rapidly increase. Therefore, in April 2021, the Japanese government created a system where people can work until they are 70 years old. Of course, there are people who think it is better to work until 70 years old, as well as those who want to enjoy the rest of their lives freely.
Now, do you know which prefecture in Japan has the highest percentage of people who are above 100 years old? The answer is Shimane prefecture. Why do people in Shimane prefecture live longer? It is because, in Shimane, people eat a lot of clams and mackerel that contain a large amount of EPA, EHA, etc. Fermented foods such as natto and miso are also good for health. If you want to live for a long time, please try them.

大家希望活到多少岁呢？到2025年，日本的人口将有三分之一的人数会达到65岁以上。随着日本社会中越来越多的人能够活到100岁，日本政府制定了"从2021年4月开始可以工作到70岁"的制度。当然，有人认为工作到70岁更好，也有人希望可以自由地享受余下的人生。那么，你们知道在日本哪个地区100岁以上的人口比例最高吗？答案是岛根县。为什么岛根县的人们能够长寿呢？这是因为，在岛根县，人们经常食用富含EPA和DHA的蛤蜊和鲭鱼等食物。并且纳豆、味噌等发酵食品对身体也很有益。想要长寿的人可以尝试一下。

Các bạn muốn sống đến bao nhiêu tuổi? Năm 2025 thì 1 phần 3 dân số Nhật Bản trên 65 tuổi. Trong tương lai, xã hội Nhật Bản càng có nhiều người sống thọ đến 100 tuổi nên chính phủ Nhật Bản, từ tháng 4 năm 2021 đã xây dựng hệ thống cho người ta có thể làm việc đến 70 tuổi. Đương nhiên có những người muốn làm việc đến năm 70 tuổi, nhưng cũng có những người muốn vui vẻ tự do những năm tháng cuối đời.
Vậy thì, các bạn có biết tỉnh nào ở Nhật Bản có tỷ lệ người trên 100 tuổi lớn nhất không? Câu trả lời đó là tỉnh Shimane. Tại sao tỉnh Shimane lại có nhiều người sống thọ như vậy? Đó là vì ở tỉnh Shimane người ta có thể ăn được nghêu và cá nục... có chứa nhiều hàm lượng EPA và DHA. Những thực phẩm lên men như Natto và Miso... cũng rất tốt cho cơ thể. Những bạn nào muốn sống thọ thì hãy thử những món ăn này nhé.

Self Check ☑

●自己評価をしてみましょう。
　じ　こ　ひょう　か

Let's make a self-assessment.　自我评价一下吧。Thử tự đánh giá bản thân

①下の音声ファイルをシャドーイングして、自分の声を録音します。
　した　おんせい　　　　　　　　　　　　　　　　　　　　じぶん　こえ　ろくおん
②スクリプトを見ながら録音を聞き、できているかどうか確認しましょう。そして、チェック表で
　　　　　　　　み　　　　ろくおん　き　　　　　　　　　　　　　かくにん　　　　　　　　　　　　　　　　ひょう
　得点をつけましょう。
　とくてん
③うまく言えなかった部分には○をつけましょう。
　　　　い　　　　　　ぶぶん

① Use the following audio file for shadowing, and record your voice.	① 跟读下面的音频，给自己录个音。	① Luyện tập shadowing (nói theo) file âm thanh, sau đó tự thu âm giọng của mình.
② Listen to your recording while looking at the script, and confirm whether you were able to complete it or not. Then score your recording, using the check table.	② 看着脚本内容听录音，确认自己是否跟上了。然后在确认表上打分吧。	② Vừa nghe thu âm vừa xem phần script trong sách, kiểm tra xem mình đã làm được hay chưa. Sau đó tự chấm điểm ở bảng kiểm tra.
③ Mark the parts with ○ that you could not repeat well.	③ 在没有能跟对的地方上做个 "○" 的标记。	③ Đánh dấu ○ vào phần chưa nói được tốt.

Unit 11

 43

最近、映画やアニメに出てくる場所に行く人が増えています。
さいきん　えいが　　　　　　　　で　　　　　ばしょ　い　　ひと　ふ

たとえば、『君の名は。』という映画です。
　　　　　きみ　な　　　　　　　えいが

この映画は、日本でとても人気があります。
　　えいが　にほん　　　　　　にんき

その理由の一つが、映画に出てくる風景です。とてもきれいです。
　　りゆう　ひと　　えいが　で　　　ふうけい

この映画のおかげで、岐阜県に行く人が増えたそうです。
　　えいが　　　　　　　ぎふけん　い　ひと　ふ

でも、そこに住んでいる人は、少し困っています。
　　　　　　　す　　　ひと　すこ　こま

それは、マナーが悪い人がいるからです。
　　　　　　　わる　ひと

たとえば、夜遅く、そこに行く人がいるそうです。
　　　　　よるおそ　　　　い　ひと

そして、大きい声で話すそうです。
　　　　おお　こえ　はな

さらに、勝手に写真を撮るそうです。
　　　　かって　しゃしん　と

そのような場所に行くときは、必ず、マナーを守りましょう。
　　　　　ばしょ　い　　　　　かなら　　　　　　　まも

❶ 正確に言葉や文が言えた せいかく　ことば　ぶん　い	1	2	3	4	合計 ごうけい
❷ 正確に発音できた せいかく　はつおん	1	2	3	4	
❸ 飛ばさずに、スムーズに言えた と　　　　　　　　　い	1	2	3	4	／12点

See➡ p.12,16,20

49 日本には、北海道、本州、四国、九州という四つの大きい島があります。
日本の一番南には、沖縄があります。どの島にも有名な観光地がたくさ
んあります。

たとえば、北海道では、札幌の雪まつりや、函館山から見る夜景が有名です。
函館の夜景は、日本三大夜景の一つです。また、本州には、松島、天橋
立、宮島という観光地があります。それらは、日本三景と呼ばれています。
そして、有名な温泉もたくさんあります。道後温泉は、夏目漱石が書いた
『坊ちゃん』という小説に出てくることで知られています。
このような観光地には、海外からも多くの観光客が集まります。

					合計
❶ 正確に言葉や文が言えた	1	2	3	4	
❷ 正確に発音できた	1	2	3	4	
❸ 飛ばさずに、スムーズに言えた	1	2	3	4	／12点

See➡ p.12,16,20

55 食べることは、人生の大きな楽しみです。
その食べるときに必要なのが「歯」です。
「8020運動」は、「80歳になっても、自分の歯を20本以上残そう」
という運動です。歯を守るためには、どうしたらいいでしょうか。
・食べるときは、よくかみましょう。
・食べたら、歯をみがきましょう。
・寝る前も、みがきましょう。
20本以上自分の歯があれば、いつまでもおいしく食べられます。
自分の歯は、自分で守りましょう。

					合計
❶ 正確に言葉や文が言えた	1	2	3	4	
❷ 正確に発音できた	1	2	3	4	
❸ 飛ばさずに、スムーズに言えた	1	2	3	4	／12点

See➡ p.12,16,20

Unit 11〜Unit 15のほかの文章も、録音して、自分でチェックしてみましょう！
Record the other sentences from Unit 11 to Unit 15 and check them yourself!
Unit11〜Unit15以外的文章也试着录个音，自己确认一下吧。
Các bạn cũng hãy tự thu âm và kiểm tra những đoạn văn khác của Unit 11 đến Unit 15.

Unit **16**

Topic テクノロジー **Unit 16**

ロボットと暮らす日

N5-N4 ★★★☆☆

The Day We Live with Robots ／ 与机器人度过的日子 ／ Cùng sống với rô bốt

see p.153

① イA-くなります／
ナA-になります

私たちのロボットへの関心は高くなっています。

② Nが／も できます

いろいろな運動ができるそうです。

 モノローグ

 58

2000年に、人間の形をした「ASIMO」というロボットが発表されました。それ以来、私たちのロボットへの関心は高くなっています。

ロボットクリエーターの高橋智隆さんは、子どもの頃に『鉄腕アトム』を読んで、ロボットを作る科学者になりたいと思ったそうです。高橋さんが作るロボットは、いろいろな運動ができるそうです。たとえば、アメリカのグランドキャニオンを登ることができます。トライアスロンもできます。宇宙ステーションで、人と会話することもできます。

ロボットとの会話を楽しむことができれば、人がロボットといっしょに暮らす日は遠くないでしょう。

Words

人間：human being ／人类／ con người

発表する：present ／公布／ công bố, phát biểu

～以来：since ～ ／从～以来／ từ sau ～

関心：interest ／关心，关注／ quan tâm

ロボットクリエーター：robot creator ／机器人创
造者／ nhà sáng tạo rô bốt

『鉄腕アトム』：Astro boy ／《铁臂阿童木》／
Astro boy (cậu bé tay sắt)

科学者：scientist ／科学家／ nhà khoa học

グランドキャニオン：Grand Canyon ／科罗拉多
大峡谷／ Grand Cayon

トライアスロン：triathlon ／铁人三项／ ba môn
thể thao phối hợp

宇宙ステーション：space station ／太空站／ trạm
vũ trụ

いっしょに：together ／一起／ cùng nhau

暮らす：live ／生活／ sống

Section III

113

フォーマル

[Situation] 社員同士がロボット教室について話しています。

田中：駅のそばにロボット教室ができたのを知っていますか？

佐藤：ロボット教室ですか？

田中：はい。ロボットの作り方を教えてくれるそうです。

佐藤：へー、ロボットのことをあまり知らなくてもできるんですか？

田中：そうらしいです。

佐藤：おもしろそうですね。田中さんなら、どんなロボットがほしい
　　　ですか？

田中：うーん、そうですね…。いっしょにスポーツが**できる**ロボット
　　　がいいですね。サッカーとかテニスとか。

佐藤：私は、報告書を書いてくれるロボットがいいです。**仕事が楽に**
　　　なります。

田中：そうしたら、営業の成績も**よくなる**かもしれませんね。今日、
　　　時間がありますか？　帰りに、その教室に行ってみませんか？

佐藤：はい。行ってみましょう。

Words

F 社員同士：fellow employees ／公司员工之间／
　nhân viên với nhau

C 友人同士：friends ／朋友之间／ bạn bè với nhau

ロボット教室：robot class ／机器人教室／ lớp học
　rô bốt

そば：near by ／旁边／ bên cạnh

作り方：how to make ／制作方法／ cách chế tạo

おもしろい：interesting ／有趣的／ hay, thú vị

ほしい：want ／想要／ muốn có

いっしょに：together ／一起／ cùng nhau

スポーツ：sports ／体育运动／ thể thao

サッカー：soccer ／足球／ bóng đá

テニス：tennis ／网球／ tennis

F 報告書：report ／报告书／ báo cáo

C レポート：report ／报告／ bản tường thuật

F 仕事：work ／工作／ công việc

C 宿題：homework ／作业／ bài tập

楽な：comfortable ／轻松的／ thoải mái

カジュアル

Situation 友人同士がロボット教室について話しています。 60

大希：駅のそばにロボット教室ができたの知ってる？

桜　：ロボット教室？

大希：うん。ロボットの作り方を教えてくれるんだって。

桜　：へー、ロボットのことあまり知らなくてもできるの？

大希：そうらしいよ。

桜　：おもしろそうだね。大希くんなら、どんなロボットがほしい？

大希：うーん、そうだな…。いっしょにスポーツが**できる**ロボットが
いいな。サッカーとかテニスとか。

桜　：私は、レポートを書いてくれるロボットがいいな。宿題が**楽に
なる**から。

大希：**そしたら**、学校の成績も**よくなる**かもしれないね。今日、時間
ある？　帰りに、その教室に行ってみない？

桜　：うん。行ってみよう。

F そうしたら：then ／这样的话／ như thế thì
C そしたら：then ／这样的话／ như thế thì
F 営業：sales ／营业／ kinh doanh
成績：grades ／成绩／ thành tích
帰り：on the way home ／回去／ trên đường về

いろいろなロボット

Various robots ／各种各样的机器人／ Nhiều loại rô bốt

今、世界の300以上の大学でロボットの研究が行われています。ロボットは大きく分けて、「弱いロボット」と「強いロボット」があるそうです。「弱いロボット」は、掃除や洗濯などを手伝ってくれますが、できることは少ないです。「強いロボット」は、人間の形に似ていて、話したり感じたりすることができます。

日本ではロボットコンテストがたくさんあります。技術を学んでいる学生たちは、趣味やスポーツに使うロボットや仕事に役立つロボットを作ってコンテストに出します。これからどんな新しいロボットが生み出されるか、楽しみですね。

ロボットコンテストの様子

画像提供：九州産業大学

Currently, at more than 300 universities around the world, studies on robots are being conducted. Robots are roughly divided into "weak robots" and "strong robots." Weak robots can help with cleaning, washing, etc., but cannot do too many things. Strong robots are in the shape of humans, and they can talk, feel, etc. There are many robot contests in Japan. Students who are learning robot technology create robots such as the ones being used for hobbies, sports, etc. and the ones being useful for jobs, and enter them in a contest. It is exciting to imagine what kind of new robots will be created in the future, isn't it?

现在，全球有300多所大学正在进行机器人研究。据说，机器人可以大致分为"弱机器人"和"强机器人"两类。"弱机器人"能够帮忙打扫、洗衣等，能力有限。而"强机器人"则更像人类的模样，能说话也能感知。
在日本有很多机器人比赛。学习技术的学生们会制作出用于兴趣爱好、运动或是对工作有帮助的机器人，来参加比赛。未来会有什么样的新型机器人被创造出来，真是令人非常期待啊。

Hiện nay, có khoảng trên 300 trường đại học trên thế giới đang thực hiện nghiên cứu về rô-bốt. Người ta chia rô-bốt ra làm hai loại lớn là "rô-bốt yếu" và "rô-bốt mạnh". "Rô-bốt yếu" phụ giúp những công việc như dọn dẹp, giặt giũ... những việc có thể thực hiện rất hạn chế. "Rô-bốt mạnh" là những loại có hình dạng giống người, có thể nói và cảm nhận.
Ở Nhật Bản có nhiều kỳ thi rô-bốt. Những sinh viên học về kỹ thuật chế tạo những loại rô-bốt có ích cho công việc, rô-bốt sử dụng cho thể thao và sở thích và đem đi dự thi. Tương lai, có những loại rô-bốt nào ra đời, chúng ta trông chờ xem nhé.

どんな学生生活ですか?
がくせいせいかつ

What kind of student life? ／你的学生生活是什么样的? ／ Cuộc đời sinh viên như thế nào?　N5-N4 ★★☆☆　see▶p.153

① （N1 より）N2 のほうが、イ A- いです／ナ A- です　日本よりアメリカの授業のほうがにぎやかです。
にほん　　じゅぎょう

② Nほど～ない　アメリカには、日本ほどクラブ活動をする学生がいません。
にほん　　かつどう　　がくせい

> モノローグ

61

　日本とアメリカの学生生活をくらべてみ
にほん　　　　　　　　がくせいせいかつ
ましょう。

　ふつう、日本の授業では先生の話を聞
にほん　じゅぎょう　せんせい　はなし　き
く時間が長いです。学生の話し合いは、あ
じかん　なが　　　がくせい　はな　あ
まりありません。でも、アメリカの高校は
こうこう
話し合いの時間が長いです。だから、学生はよく発言します。アメリ
はな　あ　じかん　なが　　　　　　　　　　　がくせい　　　はつげん
カの授業のほうがにぎやかです。日本では、授業が終わったら、約
じゅぎょう　　　　　　　　　　　にほん　　　じゅぎょう　お　　　やく
７５％の高校生がクラブ活動をします。スポーツや音楽など、いろ
ななじゅうごパーセント　こうこうせい　　　　かつどう　　　　　　　　　　おんがく
いろなクラブがあります。アメリカには、日本ほどクラブ活動をする学
にほん　　　　　　かつどう　　がく
生がいません。みなさんが住んでいるところは、どうですか?
せい　　　　　　　　　　　す

> **Words**

学生生活：student life ／学生生活／ cuộc đời sinh
がくせいせいかつ
　　　viên
くらべる：compare ／比较／ so sánh
ふつう：usual ／一般／ Thường thì
話し合い：discussion ／对话，对谈／ thảo luận
はな　あ
発言する：speak up ／发言／ phát biểu
はつげん
にぎやかな：lively ／热闹的／ náo nhiệt
約～：about ～／大约～／ khoảng ～
やく
高校生：senior high school student ／高中生／
こうこうせい

học sinh cấp 3
クラブ活動：club activity ／社团活动／ hoạt động
かつどう
　　　đội nhóm
住む：live ／住／ sống
す

フォーマル

Situation クラスメートと学生生活について話しています。

キム：渡辺さんは、毎日何時間ぐらい勉強しますか？

渡辺：うーん、三、四時間ぐらいですかね。

キム：週末もですか？

渡辺：いいえ。週末は平日ほど**勉強しません**。アルバイトやサークル
　　　があるので。

キム：そうですか。私は毎日二、三時間ぐらい勉強します。でも、高
　　　校のときはもっと勉強しました。

渡辺：私もです。今より高校のほうがテストが**多かったです**しね。毎
　　　日塾にも行っていたので、家にいる時間より学校や塾にいる時
　　　間のほうが**長かったです**。

キム：高校のときと今と、**どちらのほうが好きですか**？

渡辺：私は今**のほうが好きです**。今の勉強**のほうがおもしろいです**し、
　　　友だちと遊ぶのも楽しいです。キムさんは？

キム：私はどちらも同じぐらいです。高校のとき**のほうがプレッシャ
　　　ーは大きかったです**が、あのとき一生懸命勉強してよかったと
　　　思っています。

Words

週末：weekend ／周末／ cuối tuần	**F** どちら：which (polite) ／哪个／ cái nào
平日：weekday ／周末以外的日子／ ngày thường	**C** どっち：which (casual) ／哪个／ cái nào
アルバイト：part time job ／兼职／ làm thêm	プレッシャー：pressure ／压力／ áp lực
サークル：club ／社团活动／ câu lạc bộ	一生懸命：as hard as possible ／拼命地／ cố gắng hết mình
高校：senior high school ／高中／ trường phổ thông	
テスト：test/exam ／小测，测试／ kiểm tra	
多い：many ／多的／ nhiều	
毎日：every day ／每天／ mỗi ngày	
塾：cram school ／私塾／ học thêm	

118

カジュアル

Situation　友だちと学生生活について話しています。

グエン ：中村くんって、毎日何時間ぐらい勉強する？

中村 ：うーん、三、四時間ぐらいかな。

グエン ：週末も？

中村 ：ううん。週末は平日ほど勉強しないよ。アルバイトやサークルがあるからね。

グエン ：そうなんだ。私は毎日二、三時間ぐらい勉強するよ。でも、高校のときはもっと勉強したな。

中村 ：僕も。今より高校のほうがテストが多かったしね。毎日塾にも行ってたから、家にいる時間より学校や塾にいる時間のほうが長かったな。

グエン ：高校のときと今と、どっちのほうが好き？

中村 ：僕は今のほうが好きかな。今の勉強のほうがおもしろいし、友だちと遊ぶのも楽しいし。グエンさんは？

グエン ：私はどっちも同じぐらい。高校のときのほうがプレッシャーは大きかったけど、あのとき一生懸命勉強してよかったって思ってるよ。

日本の大学入試
にほんのだいがくにゅうし

Entrance exams of Japanese universities／
日本的大学入学考试／Kỳ thi vào đại học Nhật Bản

日本で大学に進学したい学生の多くは、大学入学共通テストを受けます。このテストは毎年1月にあります。行きたい大学によって、受ける科目が違います。6教科、30科目のテストの中から選んで受けます。「教科」には、「理科」や「外国語」などがあります。「理科」という「教科」には、「物理」や「化学」などの「科目」があります。「外国語」という教科には、「英語」や「ドイツ語」などの「科目」があります。

共通テストが必要な大学もありますが、面接だけで学生を選ぶ大学もあります。高校から大学に推薦される場合もあります。いろいろな入試方法があるので、よく調べる必要があります。

Many students, who wish to go on to universities in Japan, take the National University Entrance Qualification Examination. They take this examination in January every year. Depending on the university they want to enter, there are different subjects to take. They are to choose from 6 subjects and 30 courses. "Subjects" are such as science, foreign languages, etc. Within the subject of science, there are courses such as physics, chemistry, etc. Within the subject of foreign languages, there are courses such as English, German, etc. There are universities that require students to take this examination, but some universities select students by only interviewing them. Some students are recommended from high school to universities. There are various ways to enter universities, so it is necessary to look into the information.

在日本，想要念大学的学生多数都要参加大学入学共通考试。这个考试在每年一月举行。根据想要进入的大学不同，来选择不同的科目进行考试。可选的考试项目包括6个学科、30个科目。在这些"学科"中，有"理科"，"外语"等科目。在"理科"这门"学科"中，有"物理"和"化学"等科目。在"外语"这门学科中，有"英语"和"德语"等科目。

报考一些大学需要考生参加共通考试，也有一些大学只进行面试来选拔学生，或者一些学生可以通过高中的推荐来进入大学。由于有各种不同的入学考试方式，所以有必要仔细研究一下。

Nhiều học sinh muốn học lên đại học ở Nhật Bản thì dự thi một kỳ thi chung xét tuyển vào đại học. Kỳ thi này được tổ chức vào tháng 1 hàng năm. Môn thi sẽ khác nhau tùy vào trường đại học mình muốn theo học. Chọn môn thi từ trong 6 nhóm, 30 môn để dự thi. Trong số "nhóm" có nhóm "kỹ thuật" và nhóm "ngoại ngữ"... Trong "nhóm" "kỹ thuật" có những "môn thi" như "vật lý", "hóa học"... Trong nhóm "ngoại ngữ" có những môn như "tiếng Anh", "tiếng Đức"...

Có những trường Đại học cần kết quả kỳ thi chung, nhưng cũng có những trường đại học chỉ cần phỏng vấn để chọn sinh viên. Cũng có những trường hợp được tiến cử từ cấp phổ thông lên đại học. Vì có nhiều cách thi vào đại học, nên cần tìm hiểu kỹ trước khi dự thi.

メディアの形が変わっても

N5-N4 ★★★☆☆

Even if the Media Form has Changed ／即便媒体的形式在改变／
Hình thức truyền thông dù có thay đổi thế nào

 p.153

① **Nとして**　コミュニケーションの手段として使われていました。

② **V-るようになります**　新聞は、スマホで読むようになりました。

③ **V-なければなりません／
V-なければいけません**　わかりやすい言葉を選ばなければなりません。

 モノローグ

64

　2000年以降、メディアの形は大きく変わりました。以前は、コミュニケーションの手段として、電子メールがよく使われていました。しかし、最近は、特に若い人たちの間で、SNSを通じてメッセージがやりとりされています。新聞は、スマホやタブレットで読むようになりました。

　どんなにメディアの形が変わっても、コミュニケーションの手段として使われるのは言葉です。大事なのは、言いたいことが相手にきちんと伝わることです。だから、メッセージを送るときには、誤解されないように、わかりやすい言葉を選ばなければなりません。

Words

〜以降：after 〜／〜以后／từ sau 〜	きちんと：accurately ／准确地／ đàng hoàng
メディア：media ／媒体／ truyền thông	伝わる：conveyed ／传达／ hiểu
コミュニケーション：communication ／交流／ giao tiếp	送る：send ／发送／ gửi
手段：method ／手段，方式／ phương tiện	誤解する：misunderstand ／误解／ hiểu lầm
電子メール：e-mail ／电子邮件／ email điện tử	選ぶ：select ／选择／ lựa chọn
SNS：SNS (social networking service) ／社交软件 / SNS	
通じる：through ／通过／ thông qua	

ダイアローグ

フォーマル

Situation クラスメートとスマホについて話しています。 65

サラ：渡辺さんはよくSNSを使いますか？

渡辺：もちろんです。いつもSNSで友だちに連絡しています。

サラ：私もです。アプリで友だちとゲームをするのも楽しいですよね。

渡辺：あー、僕もよくします。でも、この間、授業中にゲームをして
いて、先生にすごく叱られました。

サラ：授業中にゲームはちょっと…。

渡辺：そうですよね…。それ以降、先生が僕のほうをよく見るように
なったので、僕もスマホの電源に気をつけるようになりました。

サラ：そうですか。私は日本語の授業のとき、スマホを辞書として
使っていますよ。

渡辺：僕は勉強でスマホを使うことはあまりありません。

サラ：それはもったいないですよ。

渡辺：そうですね。便利なアプリがいろいろあるから、いい使い方を
考えなければいけませんね。

Words

スマホ：smart phone ／智能手机／ smart phone	Ｆ ちょっと：not appropriate ／稍微，有点／ hơi quá
SNS：SNS (social networking service) ／社交软件 ／ SNS	以降：afterwards ／以后／ từ sau ~
連絡する：contact ／联络／ liên lạc	電源：power ／（手机)电源／ nguồn
アプリ：apps ／应用程序／ áp, ứng dụng	気をつける：to be careful ／注意／ tắt, ngắt
ゲーム：game ／游戏／ game	辞書：dictionary ／辞典／ từ điển
この間：the other day ／最近，前不久／ hôm nọ	もったいない：too good to waste ／可惜的／ tiếc
授業中：during the class ／上课时／ trong giờ học	便利な：convenient ／方便的／ tiện lợi
叱る：scold ／叱责／ mắng, la	使い方：how to use ／使用方法／ cách sử dụng

カジュアル

友だちとスマホについて話しています。
66

サラ：友太、よくSNS使う？

友太：もちろん。いつもSNSで友だちに連絡してるよ。

サラ：私も。アプリで友だちとゲームするのも楽しいよね。

友太：あー、僕もよくする。でも、この間、授業中にゲームしてて、
　　　先生にすごく叱られたんだ。

サラ：授業中にゲームはだめだよ。

友太：そうだよね…。それ以降、先生が僕のほうをよく見るようになっ
　　　たから、僕もスマホの電源に気をつけるようになったんだ。

サラ：そうなんだ。私は日本語の授業のとき、スマホを辞書として
　　　使ってるよ。

友太：僕は勉強でスマホを使うことはあまりないなあ。

サラ：それはもったいないよ。

友太：そうだね。便利なアプリがいろいろあるから、いい使い方を考
　　　えなきゃね。

人気のアプリ
にんき

Popular app／热门的应用程序／Ứng dụng được ưa thích

みなさんは、一日に何時間ぐらいスマホを使っていますか？ 2020年に日本
の10代から60代の1,300人に調査したところ、一日にスマホを使う平均時間は
6時間以上だったそうです。そして、日本で一番よく使われているのは、LINE
というアプリでした。LINEは、チャットや電話、料金の支払いなどにも使えま
す。そのほかに、InstagramやTwitter、それにゲームのアプリを使っている人も
大勢います。また、スマホ決済のアプリもよく使われています。
他にも、便利なアプリがたくさんあります。電車の乗換案内、
地図、スキャン用アプリ、音声翻訳機など、日本語を学んでい
る人に役立つ学習用アプリもたくさんあります。

参考：「スマホを1日何時間使っている？意識と実態に3時間差
『スマートフォン利用に関する生活者実態調査』公開」
https://prtimes.jp/main/html/rd/p/000001076.000000112.html
（2023年6月24日閲覧）

How many hours per day do you use your smartphone? In the survey conducted in Japan in 2020 for 1300 people from the teens to 60s, the average time of using the smartphone was more than 6 hours. And the application, LINE, was used most often in Japan. LINE can be used for chatting, phone calls, payment, etc. Many people use Instagram, Twitter, game apps, etc. Also, apps for smartphone payment are often used as well. There are many other useful apps, too. There are quite a few useful learning apps for those who study Japanese. For example, apps for train transfer guides, maps, scanning, voice translation, etc.

大家每天使用手机的时间大约是多少小时呢？据2020年对日本1300名10至60岁的人进行的调查显示，人们平均每天使用手机的时间超过6个小时。并且得知在日本最常被使用的应用程序是LINE。LINE可用于聊天或者打电话，还有支付等功能。此外，也有很多人使用Instagram、推特以及游戏应用软件。另外，手机支付也开始广泛被使用。除此以外还有许多实用的应用程序。比如，交通换乘指南、地图、扫描软件、语音翻译机等，还有许多有利于日语学习的应用程序。

Các bạn sử dụng điện thoại mấy tiếng một ngày? Theo kết quả một cuộc điều tra năm 2020, lấy 1.300 người có độ tuổi từ 10 đến 60 làm đối tượng, thì thời gian sử dụng điện thoại di động trung bình một ngày là trên 6 tiếng. Và ứng dụng được sử dụng nhiều nhất ở Nhật Bản là ứng dụng LINE. LINE có thể dùng để chat, gọi điện và thanh toán các khoản tiền. Ngoài ra, cũng có nhiều người sử dụng Instagram, Twitter, và các ứng dụng trò chơi. Hơn nữa, những ứng ụng thanh toán tiền cũng được sử dụng rất nhiều. Có rất nhiều ứng dụng tiện lợi. Hướng dẫn đi xe điện, bản đồ, ứng dụng scan, ứng dụng thông dịch âm thanh, và cả những ứng dụng để học rất hữu ích cho người học tiếng Nhật.

ウチ、ソト、スリッパ N5-N4 ★★★☆☆

Inside, Outside, and Slippers ／里，外，拖鞋／ Trong, ngoài, dép

see▶p.154

①	自動詞 <small>じ どう し</small>	家<small>いえ</small>に入<small>はい</small>るとき、靴<small>くつ</small>を脱<small>ぬ</small>ぐことかもしれません。
	他動詞 <small>た どう し</small>	きたない物<small>もの</small>を「ウチ」に入<small>い</small>れたくないからです。
②	V-たまま	トイレのスリッパを履<small>は</small>いたまま外<small>そと</small>に出<small>で</small>ます。
③	V-てしまいます	その家<small>いえ</small>の人<small>ひと</small>にいやな顔<small>かお</small>をされてしまいます。

 モノローグ 67

　「日本<small>に ほん</small>の習慣<small>しゅうかん</small>」と聞<small>き</small>いて、何<small>なに</small>をイメージしますか？　もしかすると、「家<small>いえ</small>に入<small>はい</small>るとき、玄関<small>げんかん</small>で靴<small>くつ</small>を脱<small>ぬ</small>ぐこと」かもしれません。日本人<small>に ほんじん</small>が靴<small>くつ</small>を脱<small>ぬ</small>ぐのは、きたない物<small>もの</small>を「ウチ」に入<small>い</small>れたくないからです。それでは、「トイレに、トイレ専用<small>せんよう</small>のスリッパが置<small>お</small>かれていること」は、どうでしょうか。もしトイレのスリッパを履<small>は</small>いたままトイレの外<small>そと</small>に出<small>で</small>たら、その家<small>いえ</small>の人<small>ひと</small>にいやな顔<small>かお</small>をされてしまいます。それは、トイレのスリッパもきたない物<small>もの</small>だからです。

　このような習慣<small>しゅうかん</small>から、日本人<small>に ほんじん</small>にとって「ウチ」と「ソト」の区別<small>く べつ</small>が大切<small>たいせつ</small>であることがわかります。

Words

習慣<small>しゅうかん</small>：custom ／习惯／ phong tục, thói quen
イメージ：image ／印象／ hình dung
もしかすると：perhaps ／莫非（会说）／ có lẽ
玄関<small>げんかん</small>：entrance area ／日式房屋出入口处的空间／
　sảnh trong nhà
ウチ：inside ／里／ trong
専用<small>せんよう</small>：exclusive (use) ／专用／ dùng cho
このような：like this ／这样／ ~ như thế này
ソト：outside ／外／ ngoài

区別<small>く べつ</small>：distinction ／区别／ phân biệt

ダイアローグ

フォーマル

Situation 外国人の男性が日本人の知り合いの家を訪ねて来ました。

リー：［玄関で］おじゃまします。
げんかん

山本：いらっしゃい。スリッパ、どうぞ。
やまもと

リー：すみません。僕は足が大きいので、このスリッパは入りそうも
ぼく あし おお はい
ありません。

山本：あ、すみません。じゃあ、スリッパはそこに置いたままにして
お
ください。あとでラックに入れますから。
い

リー：［リビングに入って］これ、お土産です。どうぞ。
はい みやげ

山本：あ、すみません。ありがとうございます。開けてもいいです
あ
か？

リー：はい。くろしお洋菓子店のケーキです。ふつう火曜日は閉まっ
ようがしてん かようび し
ているんですが、今日はクリスマス・イブだから開いていまし
きょう あ
た。

山本：あそこのケーキはおいしいから、うれしいです。紅茶といっしょ
こうちゃ
にいただきましょう。

リー：はい、いいですね。

Words

F 知り合い：acquaintance／熟人／người quen
し あ

訪ねて来る：visit／来访／ghé thăm
たず く

おじゃまします：Exchse me (used when entering
into someone's house)／打扰了／em xin
phép, em vào nhé

スリッパ：slippers／拖鞋／dép

入る：enter／进入／vào
はい

ラック：rack／架子(鞋架)／giá, kệ

入れる：put in／放入／bỏ vào
い

リビング：living room／起居室／phòng khách

お土産：souvenir／特产／quà
みやげ

開ける：open／打开／mở
あ

洋菓子店：Western confectionery store／西点店
ようがしてん ／tiệm bánh kem

ふつう：usual／一般／Thường thì

閉まる：close／关门／đóng cửa
し

クリスマス・イブ：Christmas Eve／圣诞夜／
Christmas Eve, vọng Giáng sinh

カジュアル

Situation 外国人の男性が日本人の友だちの家を訪ねて来ました。

ニック ： ［玄関で］おじゃまします。

リコ　 ：いらっしゃい。スリッパ、どうぞ。

ニック ：ごめん。僕は足が大きいから、このスリッパ、**入りそうもな**
　　　　　いや。

リコ　 ：あ、ごめん。じゃあ、スリッパ、そこに**置いたまま**にしとい
　　　　　て。あとでラックに**入れる**から。

ニック ：［リビングに入って］これ、お土産。どうぞ。

リコ　 ：わー、ありがとう。**開けて**もいい？

ニック ：うん。くろしお洋菓子店のケーキ。ふつう火曜日は閉まって
　　　　　るんだけど、今日はクリスマス・イブだから**開いて**たんだ。

リコ　 ：あそこのケーキはおいしいから、うれしいな。紅茶といっしょ
　　　　　に食べよう。

ニック ：うん。いいね。

開く：open ／开着／ mở bán
紅茶：English tea ／紅茶／ trà đen

スリッパのはじまり

How slippers were used in the beginning ／拖鞋的起源／
Nguồn gốc của dép

日本の家では、玄関で靴を脱ぐと、たいていスリッパを履きます。スリッパが最初に使われたのは、西洋人が多く日本に来るようになった明治時代のはじめです。室内でも靴を履く西洋人は、土足で日本の家に入ってしまったそうです。また、当時はホテルがなかったので、西洋人はお寺や神社などに泊まっていて、たくさんの人が畳の部屋に土足で入ろうとしたそうです。そこで、これらの問題を解決するため、最初に作られたスリッパは靴の上から履くものでした。スリッパは、外国人が土足で家に上がるのを防ぐためのものだったのです。

At a Japanese house, after you take off your shoes at the entrance area, you usually put on slippers. Slippers were used for the very first time at the beginning of the Meiji Era when many Western people started coming to Japan. The Western people who wear shoes indoors walk into Japanese houses with their shoes on. At that time, since there were no hotels, Western people stayed in temples, shrines, etc., and many of them tried to come into Japanese rooms with Tatami on the floor. So, in order to solve this problem, the slippers made first were the ones to wear over the shoes. Slippers were to prevent foreigners from getting into the house with their shoes on.

在日本的家中，在玄关脱完鞋后，一般会穿拖鞋。拖鞋最早是在，来日的西方人逐渐变多的明治时代初期时传入的。据说当时，在室内也会穿鞋的西方人直接穿鞋进入日本人的家中。由于当时没有酒店，西方人只能在寺庙或神社等地过夜，据说许多人试图穿鞋踩进铺有榻榻米的房间。因此，为了解决这些问题，最初制作出的拖鞋是可以套在鞋子上的。拖鞋的作用是防止外国人穿着鞋子直接进入家中。

Ở nhà Nhật Bản, sau khi cởi giày ở sảnh thì người ta thường đi dép vào. Dép được sử dụng lần đầu tiên vào thời kỳ đầu thời đại Meiji, khi nhiều người phương Tây đến Nhật Bản. Nghe nói người phương Tây có thói quen đi giày trong nhà, nên khi vào nhà người Nhật thì họ để nguyên giày. Ngoài ra, thời đó vì không có khách sạn, những người phương Tây ở lại trong chùa hoặc đền Jinja, nhiều người đi giày vào phòng chiếu tre. Vì vậy, để giải quyết vấn đề này, dép được chế tạo đầu tiên là loại dép để đi chồng lên giày. Dép là một thứ được tạo ra để tránh việc người nước ngoài đi giày ngoài đường vào trong nhà.

日本の家は住みやすい？
にほん いえ す

N5-N4 ★★★☆☆

Are Japanese Homes Liveable? ／ 日式的家，宜居吗？ ／ Nhà Nhật có dễ sống không?

see▶ p.154

①	V-(さ)せます<使役> しえき	親が靴を脱がせたりします。 おや くつ ぬ
②	ナ-A／N にします	犬の足をきれいにします。 いぬ あし
③	V-てから	犬の足をきれいにしてから家の中に入れます。 いぬ あし いえ なか い

 モノローグ

 70

　日本では、伝統的な一戸建ての家がだ
にほん　　でんとうてき　いっこだ　いえ
んだん少なくなっています。特に都会で
すく　　　　　とく　とかい
は、畳や障子がある家は少ないようです。
たたみ しょうじ　いえ すく
しかし、どの日本の家にも必ずあるもの
にほん いえ かなら
は玄関です。これは、ウチとソトを区別
げんかん　　　　　　　　　　　　く べつ
するために、どうしても必要なスペースだからでしょう。
ひつよう

　玄関では、靴を脱いで家に上がります。そして、そこで靴を履いて
げんかん　　くつ ぬ いえ あ　　　　　　　　　　　　　くつ は
外に出ます。小さい子どもがいる家では、親が靴を**履かせ**たり**脱がせ**
そと で　　ちい こ いえ　　おや くつ は　　 ぬ
たりします。犬がいる家では、**散歩させた**後、足を**きれいにして**から家
いぬ いえ　　さんぽ あと あし いえ
の中に入れます。このようなことをするのにも、玄関は便利なスペー
なか い　　　　　　　　　　　　　　　　　　 げんかん べんり
スです。

Words

伝統的な：traditional ／传统的／ truyền thống
でんとうてき

一戸建て：single family home ／独栋楼房／ nhà
いっこだ　　　　　　　　　　　　　　　mặt đất

都会：city ／城市／ thành phố
とかい

畳：straw mat ／榻榻米／ chiếu
たたみ

障子：sliding door made of paper ／纸拉门／ cửa
しょうじ　　　　　　　　　　　　　　　trượt Shoji

玄関：entrance area ／日式房屋出入口处的空间／
げんかん　　　　　sảnh trong nhà

ウチ：inside ／里／ trong

ソト：outside ／外／ ngoài

区別する：distinguish ／区别，区分／ phân biệt
くべつ

(家に)上がる：enter (into the house) ／进入(家中)
いえ　　あ　　　　　／ bước vào (nhà)

フォーマル

Situation　留学生がホストマザーに家の中を案内してもらっています。

ホストマザー ：ここが、サラさんの部屋です。**和室にしましたが**、大丈夫ですか？

サラ ：はい、うれしいです！　畳の部屋で寝てみたかったんです。

ホストマザー ：サラさん、こちらに来てください。これが押入れです。この中に布団がありますからね。

サラ ：わー、押入れがあると、部屋が広く使えますね。便利ですね。

ホストマザー ：ここが、お風呂です。**体を洗ってから**お風呂に入ってくださいね。最後、お風呂のお湯は流さないでください。家族全員が同じお湯を使いますから。それから、トイレはこちらです。

サラ ：わー、たくさんボタンがありますね。

ホストマザー ：それは、おしりを洗ったり、乾かしたりするためのボタンですよ。娘のリコが帰って来たら、**説明させ**ますね。

Words

F **ホストマザー**：host mother／寄宿家庭的母亲／nữ chủ nhà (host mother)	**布団**：Japanese style matress laid out on the floor／被子／chăn đệm
C **ホストシスター**：host sister／寄宿家庭的姐/妹／chủ nhà (host sister)	**広い**：spacious／宽敞的／rộng
案内する：guide／带路，介绍／hướng dẫn	**便利な**：convenient／方便的／tiện lợi
和室：Japanese room／日式房间／phòng Nhật	**最後**：finally／最后／cuối cùng
うれしい：happy／开心的／vui	**お湯**：hot water／洗澡水／nước nóng
畳：straw mat／榻榻米／chiếu	**流す**：drain／放(水)／xả bỏ
押入れ：closet in Japanese room／日式橱柜／tủ	**全員**：everyone／全部人／cả nhà
	おしり：bottom of the body／臀部／đít

カジュアル

x

Situation 　留学生がホストシスターに家の中を案内してもらっています。
りゅうがくせい　　　　　　　　　　　　　　　　いえ　なか　あんない

ホストシスター：ここが、サラの部屋。**和室にしたんだけど、大丈夫？**
　　　　　　　　　　　　　　　　へや　　わしつ　　　　　　　　　だいじょうぶ

サラ　　　　　：うん、うれしい！　畳の部屋で寝てみたかったんだ。
　　　　　　　　　　　　　　　　たたみ　へや　ね

ホストシスター：サラ、こっちに来て。これが押入れ。この中に布団が
　　　　　　　　　　　　　　き　　　　　　おしい　　　　なか　ふとん
　　　　　　　　あるから。

サラ　　　　　：わー、押入れがあると、部屋が広く使えるね。便利だ
　　　　　　　　　　　おしい　　　　へや　ひろ　つか　　　　べんり
　　　　　　　　ね。

ホストシスター：ここが、お風呂。体を**洗って**からお風呂に入ってね。
　　　　　　　　　　　　ふろ　からだ　あら　　　　ふろ　はい
　　　　　　　　最後、お風呂のお湯は流さないでね。家族全員が同じ
　　　　　　　　さいご　ふろ　ゆ　なが　　　　　かぞくぜんいん　おな
　　　　　　　　お湯を使うから。それから、トイレはこっち。
　　　　　　　　ゆ　つか

サラ　　　　　：わー、たくさんボタンがあるね。

ホストシスター：それは、おしりを洗ったり、乾かしたりするためのボ
　　　　　　　　　　　　　　　あら　　　かわ
　　　　　　　　タンだよ。妹のリコが帰って来たら、**説明させる**ね。
　　　　　　　　　　　いもうと　　　かえ　き　　せつめい

乾かす：dry ／弄干／ sấy, làm khô
かわ
説明する：explain ／説明／ giải thích
せつめい

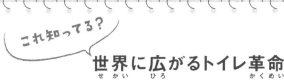

これ知ってる？

世界に広がるトイレ革命
せかい　ひろ　　　　　　　かくめい

Toilet revolution spreading the world ／向世界展开的厕所革命／
Cách mạng nhà vệ sinh lan rộng toàn thế giới

シャワーでおしりが洗えるトイレが日本で作られたのは、1980年のことで
　　　　　　　　　あら　　　　　　　　　にほん　つく　　　　　　　　　　　　　ねん
す。「おしりだって、洗ってほしい」というキャッチコピーで大人気となり、日
　　　　　　　　　　あら　　　　　　　　　　　　　　　　　　　　だいにんき　　　　　　に
本のトイレ革命が始まりました。現在は、世界でもこのおしりが洗える、温水
ほん　　　　かくめい　はじ　　　　　　　　げんざい　　せかい　　　　　　　　　あら　　　　おんすい
洗浄便座が人気です。
せんじょうべんざ　にんき

　2018年には、中国の上海に上陸しました。常駐の清掃員とこの便座を備えた
　　　ねん　　　　ちゅうごく　シャンハイ　じょうりく　　　　　じょうちゅう　せいそういん　　　　　べんざ　そな
公衆トイレには、毎日通う人もいるそうです。きれいで、タダで、石鹸のいい
こうしゅう　　　　　　まいにちかよ　ひと　　　　　　　　　　　　　　　　　　　　　　せっけん
匂いが漂うトイレがそばにあれば、使わなきゃ損ですよね。
にお　　ただよ　　　　　　　　　　　　　　　　つか　　　　　　そん

In 1980, a toilet that can wash your bottom was created in Japan for the first time. The large text in ads to catch the reader's attention, "Your bottom also wants to be washed," made it very popular, and the Japanese toilet revolution started. Now, the bidet toilet that can wash your bottom is popular around the world, too.
In 2018, Shanghai, China began to use this type of toilet. For a public toilet where a regular cleaner works and this type of toilet seat is prepared, there are some people who use this toilet every day. If the toilet is nearby that is clean, free, and smells good like soap, you should definitely use it.

在日本，自带淋浴喷头清洗臀部的马桶是在 1980 年问世的。以"就连臀部也要清洗干净"为口号而变得非常受欢迎，随之开启了日本的马桶革命。现在，这种能够清洗臀部的温水马桶在世界范围内也非常受欢迎。
2018 年，这种马桶进入了中国上海的市场。每天都有人前来使用这样拥有常驻清扫员并且配备了这种温水马桶的公共厕所。附近有干净、免费、飘散着肥皂香味的的厕所，不去使用就太亏了。

Bồn cầu có chức năng rửa bằng nước được sản xuất tại Nhật những năm 1980. Dòng quảng cáo "đít thì cũng vậy, cũng cần được rửa" trở nên rất nổi, mở đầu cho cách mạng nhà vệ sinh tại Nhật Bản. Hiện nay, bồn cầu có chức năng rửa vệ sinh bằng nước ấm như thế này được ưa chuộng khắp thế giới. Năm 2018, xuất hiện ở Thượng Hải Trung Quốc. Mỗi ngày có nhiều nhân viên vệ sinh phụ trách và người sử dụng nhà vệ sinh công cộng có gắn bồn cầu này. Nếu như ngay gần mình có nhà vệ sinh sạch, đẹp, miễn phí, thơm phức mùi xà phòng thì tội gì mà không sử dụng các bạn nhỉ.

大好き! 日本のマンガやアニメ N5-N4 ★★★☆☆
<small>だい す にほん</small>

I Love Them! Japanese Manga, Anime, etc. ／超喜欢！日本的漫画和动漫／
Rất thích! Truyện tranh và hoạt hình Nhật Bản

see ▶ p.154

① 〜ようです／みたいです 『ポケモン』などが人気があるようです。
<small>にん き</small>

② 〜でしょう／だろう アニメが、私たちを楽しませてくれるでしょう。
<small>わたし   たの</small>

 モノローグ

　日本には、たくさんのマンガやアニメがあ
<small>にほん</small>
ります。毎年、１万種類以上のマンガと
<small>まいとし いちまんしゅるいいじょう</small>
１５０種類以上のアニメが作られているそ
<small>ひゃくごじゅっしゅるいいじょう　　つく</small>
うです。

　日本のマンガやアニメは、世界で人気があ
<small>にほん　　　　　　　せかい にんき</small>
ります。特に、『ONE PIECE』や『NARUTO』、そして『ポケモン』
<small>とく　ワン ピース　　　ナルト</small>
などが人気があるようです。なぜ人気があるのでしょうか。
<small>にんき　　　　　　にんき</small>

　それは、ストーリーがとてもおもしろく、カッコいいキャラクターや
かわいいキャラクターがたくさん出てくるからかもしれません。これ
<small>で</small>
からも、たくさんのマンガやアニメが、私たちを楽しませてくれるで
<small>わたし たの</small>
しょう。

Words

マンガ：comics ／漫画／ truyện tranh, manga
アニメ：animation ／动漫／ Anime, hoạt hình
種類：types ／种类／ loại
<small>しゅるい</small>
〜以上：more than 〜／〜以上／ trên 〜
<small>いじょう</small>
世界：world ／世界／ thế giới
<small>せかい</small>
人気な：popular ／热门的／ ưa thích
<small>にんき</small>
ストーリー：story ／故事／ câu chuyện
カッコいい：cool ／帅气的／ sành điệu
かわいい：cute ／可爱的／ dễ thương

キャラクター：character ／角色／ nhân vật
楽しむ：enjoy ／享受／ vui, thưởng thức
<small>たの</small>

Section III

ダイアローグ

フォーマル

Situation クラスメートと映画の話をしています。

渡辺：キムさん。先週、『ONE PIECE』の映画を見に行ってきました。

キム：そうなんですか。私も見に行きたいと思っているんです。

渡辺：人がすごく多かったですよ。人気があるんでしょうね。

キム：映画はどうでしたか？

渡辺：とても面白かったですよ。

キム：わー。私も早く見に行きたいです。

渡辺：主人公だけじゃなくて、他のキャラクターもカッコよかったです。それに、船が空を飛んでいるところが、とてもきれいでした。

キム：インターネットで見ましたが、この映画に出てくる新しいキャラクターが、今度マンガにも出てくるようです。

渡辺：へー。では、そのマンガも人気が出るでしょうね。

Words

映画：movie ／电影／ phim

先週：last week ／上周／ tuần trước

『ONE PIECE』：ONE PIECE ／《海賊王》／ One Piece

主人公：main character ／主人公，主角／ nhân vật chính

他：others ／其他／ khác

キャラクター：character ／角色／ nhân vật

船：ship ／船／ thuyền

空：sky ／天空／ bầu trời

飛ぶ：fly ／飞／ bay

F インターネット：internet ／因特网／ internet

C ネット：internet ／网络／ mạng, net

人気が出る：become popular ／受欢迎／ trở nên nổi tiếng

カジュアル

Situation　友だちと映画の話をしています。
　　　　　　　とも　　えいが　　はなし

中村　：グエンさん。先週、『ONE PIECE』の映画を見に行ってき
なかむら　　　　　　　　　　せんしゅう　　ワン　ピース　　　えいが　み　い
たよ。

グエン：そうなんだ。私も見に行きたいと思ってるんだ。
　　　　　　　　　　わたし　み　い　　　　　おも

中村　：人がすごく多かったよ。人気がある**んだろう**ね。
　　　　ひと　　　　おお　　　　にんき

グエン：映画、どうだった？
　　　　えいが

中村　：とても面白かったよ。
　　　　　　おもしろ

グエン：わー。私も早く見に行きたいな。
　　　　　わたし　はや　み　い

中村　：主人公だけじゃなくて、他のキャラクターもカッコよかった
　　　しゅじんこう　　　　　　　　　ほか
よ。それに、船が空を飛んでるところが、とてもきれいだっ
　　　　　　　ふね　そら　と
たなー。

グエン：ネットで見たんだけど、この映画に出てくる新しいキャラク
　　　　　み　　　　　　　えいが　で　　　あたら
ターが、今度マンガにも出てくる**みたい**。
　　　こんど　　　　　で

中村　：へー。じゃ、そのマンガも人気が出る**だろう**ね。
　　　　　　　　　　　　　　　にんき　で

なぜドラえもんはどら焼きが好きなのか？

Why Doraemon likes Dorayaki？ ／ 为什么哆啦Ａ梦喜欢铜锣烧呢？ ／
Tại sao Doraemon lại thích bánh rán？

アニメの主人公、ドラえもんはポケットから便利な道具をたくさん出してくれます。ドラえもんは、ロボットですが、どら焼きが大好きです。なぜどら焼きが好きなのでしょうか。

　ドラえもんが通っていたロボット学校にノラミャー子というネコのロボットがいました。ドラえもんは、ノラミャー子のことが好きでした。ある日、自信をなくして落ち込んでいたドラえもんを、ノラミャー子が「いつもがんばっているところがドラえもんのいいところよ」と励まして、どら焼きをプレゼントしてくれたそうです。好きなノラミャー子からもらったどら焼きが、今ではドラえもんの一番好きな食べ物になりました。

参考：「ドラえもんの「どら焼き」好きには、どら焼きよりも甘～いワケが！」
https://macaro-ni.jp/34410（2023年5月11日閲覧）

The main character of the animation, Doraemon, takes a lot of useful tools from his pocket. Doraemon is a robot but loves Dorayaki. Why does he like Dorayaki so much?
There was a robot cat named Nora Myako at the robot school that Doraemon used to attend. Doraemon liked Nora Myako. One day, Doraemon lost confidence and was depressed and Nora Myako gave him Dorayaki as a gift. She encouraged him by saying, "Good thing about Doraemon is that you always try your best." Dorayaki, given by Nora Myako whom Doraemon liked, has become Doraemon's favorite food.

动漫的主人公哆啦Ａ梦可以从口袋里拿出许多便利的道具。哆啦Ａ梦是一台机器人，但他非常喜欢铜锣烧。这是为什么呢？
在哆啦Ａ梦曾经就读的机器人学校里，有一只名叫哆啦咪子的猫型机器人。哆啦Ａ梦喜欢上了哆啦咪子。有一天，当哆啦Ａ梦因为失去自信而沮丧时，咪子鼓励他说："你总是很努力，这是你的优点呀。"然后送了他一块铜锣烧。在收到喜欢的咪子送的铜锣烧之后，铜锣烧就成了现在哆啦Ａ梦最喜欢吃的食物了。

Nhân vật truyện tranh Doraemon có nhiều bảo bối tiện lợi trong chiếc túi thần kỳ. Doraemon mặc dù là người máy nhưng rất thích bánh rán. Tại sao mèo máy lại thích bánh rán？
Trường rô-bốt mà Doraemon theo học có một em mèo máy tên là Noramyako. Doraemon rất thích em Noramyako. Một ngày nọ, khi Doraemon đang buồn chán và mất tự tin thì Noramyako đã động viên rằng "điểm tốt của Doraemon là chỗ luôn cố gắng không ngừng" và tặng cho Doraemon bánh rán. Món bánh rán, được người mình thích Noramyako tặng, nên nó đã trở thành món ăn ưa thích nhất của Doraemon đến tận bây giờ.

日本のコンビニは世界一 N5-N4 ★★☆☆
にほん せかいいち

Japan's Convenient Stores are the Best in the World. ／
日本的便利店, 世界第一／Cửa hàng tiện lợi Nhật Bản là số 1 thế giới

SEE ▶ p.155

① V-さ（せら）れます レジで**待たされる**こともあります。
　　＜使役受身＞
　　しえきうけみ ま

モノローグ

 🔊 76

　日本のコンビニは、世界一便利だと思
にほん　　　　　　　　　　　　せかいいちべんり　　　　　　おも
います。都会のにぎやかなところでは、二、
　　　　　とかい　　　　　　　　　　　　　　　　　　　　に
三百メートルごとにコンビニがあります。
さんびゃく

　コンビニでは、食べ物や飲み物、雑誌
　　　　　　　　　た　もの　の　もの　ざっし
を買うだけでなく、ガス代や電話料金を
　か　　　　　　　　　　だい　でんわりょうきん
払うこともできます。また、ＡＴＭからお金を引き出すこともできます。
はら　　　　　　　　　　エーティーエム　　　　　　かね　ひ　だ
さらに、コピーすることもできるし、美術館のチケットを買ったり、
　　　　　　　　　　　　　　　　　　　びじゅつかん　　　　　　　　　　か
荷物を送ったりすることもできます。
にもつ　おく
　コンビニのお弁当は、安くて、おいしいです。それで、お昼の時間
　　　　　　べんとう　　やす　　　　　　　　　　　　　　　　　　　ひる　じかん
にはたくさん客がいて、レジで**待たされる**こともあります。しかし、
　　　　　　きゃく　　　　　　　　ま
品質管理が厳しいので、古くなった食べ物を**買わされる**心配はありま
ひんしつかんり　きび　　　　ふる　　　　　た　もの　か　　　　　しんぱい
せん。

Words

コンビニ：convenience store ／便利店／ cửa hàng tiện lợi	荷物：baggage ／指要邮寄的物件／ hàng hóa
都会：city ／城市／ thành phố	品質管理：quality control ／品质管理／ quản lý chất lượng
〜ごとに：every 〜／每／ cứ mỗi	厳しい：strict ／严格的／ nghiêm ngặt
ガス代：gas cost ／天然气费／ tiền ga	心配：worry ／担心／ lo lắng
電話料金：telephone cost ／话费／ tiền điện thoại	
ＡＴＭ：ATM ／自动取款机／ ATM	
引き出す：withdraw ／取出／ rút (tiền)	
美術館：art museum ／美术馆／ bảo tàng mỹ thuật	

フォーマル

Situation コンビニの出口で、佐藤さんは同僚といっしょになりました。

佐藤：昼ごはんですか？

田中：はい。今日は寒いからおでんにしました。

佐藤：おでんは何を買ったんですか？

田中：だいこん二つと、たまご一つと、こんにゃく一つです。

佐藤：私も昨日のお昼ごはんにおでんを買いました。でも、人が多くて**待たされました**。

田中：今日は何を食べるんですか？

佐藤：今日はおむすびとおかずにしました。

田中：肉じゃがとか、きんぴらとか、一人サイズで売っていますよね。

佐藤：そうなんです。それと、デザートのスイーツも買いました。

田中：コンビニのスイーツ、けっこうおいしいですよね。

佐藤：ええ。休みの日によく母に買いに**行かされます**。母はコンビニを「我が家の大きい冷蔵庫だ」と言っています。

Words

出口：exit ／出口／ cửa ra

F 同僚：colleague ／同事／ đồng nghiệp

おでん：oden (various vegetables and fish cake cooked in soysauce flavored soup) ／关东煮／ oden

だいこん：radish ／白萝卜／ củ cải trắng

たまご：egg ／鸡蛋／ trứng

こんにゃく：konnyaku (a jelly-like food made from the starch of konjac potato) ／魔芋／ konnyaku

おむすび：rice ball ／饭团／ cơm nắm

おかず：side dish ／菜、小菜／ đồ ăn

肉じゃが：meat and potato stew ／日式土豆炖牛肉／ thịt khoai tây

きんぴら：chopped burdock root (and sometimes carrot) cooked in sugar and soy sauce ／金平牛蒡，日本小菜的一种／ Kimpira

一人サイズ：size for one person ／一人份／ cỡ 1 người ăn

デザート：dessert ／餐后点心／ món tráng miệng

カジュアル

Situation コンビニの出口で、伊藤さんは友だちといっしょになりました。 78

伊藤：昼ごはん？

渡辺：うん。今日は寒いからおでんにした。

伊藤：おでん、何買ったの？

渡辺：だいこん二つと、たまご一つと、こんにゃく一つ。

伊藤：私も昨日のお昼ごはんにおでん買ったよ。でも、人が多くて待
たされちゃった。

渡辺：今日は何食べるの？

伊藤：今日はおむすびとおかずにした。

渡辺：肉じゃがとか、きんぴらとか、一人サイズで売ってるよね。

伊藤：そう。それと、デザートのスイーツも買ったんだ。

渡辺：コンビニのスイーツ、けっこうおいしいよね。

伊藤：うん。休みの日によくお母さんに買いに行かされるの。お母さ
んはコンビニを「我が家の大きい冷蔵庫だ」って言ってるよ。

スイーツ：sweets ／甜点／ đồ ngọt
我が家：my house ／我家／ nhà mình
冷蔵庫：refrigerator ／冰箱(冷藏室)／ tủ lạnh

客の気持ちをつかむサービス

Convenience stores getting the customer's attention ／
触动顾客心弦的便利店／ Những dịch vụ biết lấy lòng khách hàng

　日本にあるコンビニの数は、2021年3月の調査では、58,482軒でした。一番多いところは東京で、7,799軒。二番目は大阪で、4,020軒。一番少ないところは、砂丘で有名な鳥取で、258軒でした。

　最近は、地元の人が作った野菜や果物を売っているコンビニもあります。また、買ってすぐ食べられるイートインスペースがあるコンビニや、コンビニの中にキッチンがあって、できたての食べ物を売るコンビニも増えています。それぞれのコンビニが、食において、客の気持ちをつかむサービスを考えています。

参考：都道府県データランキング「コンビニエンスストア」
https://uub.jp/pdr/m/c.html
（2023年6月27日閲覧）

The number of convenience stores in Japan was 58,482 in the survey done in March 2021. Tokyo has the largest number, which was 7,799. Osaka has the second largest number, which was 4,020. Tottori, which is well known for the sand dune, has the least number, which was 258.
Recently, there are some convenience stores that sell vegetables and fruits produced by local farmers. Also, some of them have eat-in spaces, where you can buy the food and eat it right away. More of them have a kitchen inside and sell freshly prepared food. Each convenience store thinks of the service that attracts customers for the foods they serve.

据 2021 年 3 月的调查显示，日本的便利店数量为 58,482 家。其中，在东京的便利店数量最多，有 7,799 家。其次是大阪，有 4,020 家。最少的是以沙丘而闻名的鸟取，只有 258 家。
最近，一些便利店开始销售起当地人种植的蔬菜和水果。还有一些便利店提供就餐区域，或者在店内设有厨房，销售现做的食物。每个便利店都在考虑着如何提供在食品方面能够吸引顾客的服务。

Số lượng cửa hàng tiện lợi tại Nhật Bản vào thời điểm điều tra tháng 3 năm 2021 có khoảng 58.482 cái. Nhiều nhất ở Tokyo, 7.799 cái. Thứ nhì là Osaka, 4.020 cái. Ít nhất là ở tỉnh Tottori nổi tiếng với đồi cát, 258 cái.
Gần đây, ở trong các cửa hàng tiện lợi người ta cũng bán rau, trái cây nông sản mà người dân địa phương trồng. Ngoài ra, những cửa hàng tiện lợi có chỗ ngồi ăn uống cho khách sau khi mua, hoặc những cửa hàng tiện lợi có khu vực chế biến món ăn, bán những thức ăn được chế biến tại chỗ cũng gia tăng. Mỗi cửa hàng tiện lợi đều cân nhắc phát triển dịch vụ ăn uống để lấy lòng khách mua.

私の好きなまちをご紹介します N5-N4 ★★★☆☆

わたし　　す　　　　　　　　　　　しょうかい

I Will Introduce the Place I Like. ／介绍我喜欢的城市／
Giới thiệu thành phố mà mình yêu thích.

see p.155

①	お／ご ～します	私の好きなまちをご紹介します。
②	お／ご ～ください	こちらのスライドをごらんください。
③	お／ご＋N	おまつり, ご質問

 プレゼンテーション 79

Situation 「異文化コミュニケーション」の授業でチャンさんが発表しています。
いぶんか　　　　　　　　　　　　じゅぎょう　　　　　　　　　　はっぴょう

　こんにちは。私は、チャンです。今日は、私の好きなまちをご紹介
わたし　　　　　　　　　　きょう　わたし　す　　　　　しょうかい
します。よろしくお願いします。
ねが

　まず、クイズです。こちらのスライドをごらんください。

　りんご、マグロ、にんにく

　これらは、そのまちで有名な食べ物です。さて、そのまちとはどこ
ゆうめい　た　もの
だと思いますか？
おも

　それは、青森です。青森は本州の一番北にあります。自然がたくさ
あおもり　あおもり　ほんしゅう　いちばんきた　　　　　　　　しぜん
んあります。おいしい食べ物もたくさんあります。それに、おもしろ
た　もの
いおまつりもあります。それが、こちらの「青森ねぶた祭」です。こ
あおもり　　まつり

Words

プレゼンテーション：presentation ／演讲／
　thuyết trình

発表する：present ／发表, 演讲／ phát biểu
はっぴょう

クイズ：quiz ／提问／ hỏi đáp

スライド：slide ／幻灯片／ màn hình chiếu

ごらんください：Please take a look. ／请看／ mời
　mọi người xem

マグロ：tuna ／金枪鱼／ cá ngừ

にんにく：garlic ／蒜／ tỏi

本州：main island (of Japan) ／本州／ Honshu
ほんしゅう

自然：nature ／自然／ tự nhiên
しぜん

おまつり：festival ／祭典, 庙会／ lễ hội

青森ねぶた祭：Aomori Nebuta Festival ／青森睡
あおもり
　魔祭／ lễ hội Aomori Nebuta

の大きな人形は紙で作られていま
す。これをみんなで引っ張ります。
そして、このまわりで大きな声を
出しながら、ジャンプして踊りま
す。このおまつりには、観光客も
参加することができます。

　「青森ねぶた祭」は 8 月にあります。みなさんも、ぜひ行って
みてください。

　今日は、私の好きなまちをご紹介しました。それでは、ご質問
をよろしくお願いします。

Words

人形：doll ／人偶／ hình nhân

紙：paper ／纸／ giấy

引っ張る：pull ／拽，拉／ kéo

まわり：surroundings ／周围／ xung quanh

ジャンプする：jump ／跳／ nháy

踊る：dance ／跳舞／ múa

観光客：tourist ／游客／ khách tham quan

参加する：participate ／参加／ tham gia

ぜひ：certainly ／一定／ nhất định

ダイアローグ

フォーマル

Situation　発表が終わったあと、質問したり、答えたりしています。　🔊80

チャン（発表者）：それでは、ご質問をよろしくお願いします。

鈴木　：はい。

ケオ（司会者）：鈴木さん。お願いします。

鈴木　：はい。ご発表、ありがとうございました。私も行ってみたい
　　　　ので、青森までの行き方を教えてください。

チャン　：はい、ご質問ありがとうございます。青森までは、新幹線、
　　　　飛行機、高速バスがあります。高速バスが安くておすすめ
　　　　です。

鈴木　：なるほど、高速バスですね。ありがとうございました。

ケオ　：はい。他にいかがですか？

渡辺　：はい。

ケオ　：渡辺さん。

渡辺　：「青森ねぶた祭」はおもしろそうですね。そのおまつりの日
　　　　にちと場所を教えてほしいです。

発表：presentation／发表，演讲／phát biểu

質問：question／提问／đặt câu hỏi

発表者：presenter／演讲者／người phát biểu

司会者：host (of the event)／主持人／người dẫn
　　　　chương trình

高速バス：highway bus／高速大巴／xe buýt tốc
　　　　hành

おすすめ：recommendation／推荐／đặc biệt giới
　　　　thiệu

なるほど：I see／原来如此／thì ra là vậy

他に：others／其他／ngoài ra

いかが：How is it?／如何／như thế nào

日にち：date／时间，日期／ngày tháng

場所：place／地点／địa điểm

チャン　：はい。日にちは、毎年8月2日から7日までです。場所は、青森駅の近くです。毎年200万人以上の人が訪れるそうなので、このおまつりが見たかったら、できるだけ早くホテルを予約してください。

渡辺　　：そうですか。あとでホテルを調べてみます。どうもありがとうございました。

ケオ　　：他に、ご質問やコメントなどいかがですか？

キム　　：あのう、いいですか？

ケオ　　：はい、キムさん。

キム　　：スライドの7枚目を見せてください。その人形はとても大きいですね。作るのにどのくらいかかりますか？

チャン　：あ、すみません。それについては調べていません。調べてからお答えしますので、来週までお待ちください。

キム　　：わかりました。よろしくお願いします。

ケオ　　：はい。では、そろそろ時間です。チャンさん、ご発表、どうもありがとうございました。

チャン　：ありがとうございました。

Words

青森駅：Aomori Station ／青森站／ ga Aomori

〜以上：more than 〜／〜以上／ trên 〜

訪れる：visit ／来访／ ghé thăm

できるだけ：as much as possible ／尽可能地／ cố gắng

予約する：reserve ／预约／ đặt

調べる：look up ／调查／ tra cứu

コメント：comment ／评价, 点评／ ý kiến

スライド：slides ／幻灯片／ màn hình chiếu

〜枚目：the 〜 th one (slide) ／第〜页／ trang thứ 〜

見せる：show ／给〜看／ cho xem

人形：doll ／人偶／ hình nhân

〜について：about 〜／关于／ về 〜

これ知ってる？

仙台七夕まつり
せんだいたなばた

Sendai Tanabata festival ／仙台七夕祭／ Lễ hội Tanabaka Sendai

　日本では、一年中、いろいろなところで、いろいろなおまつりがあります。
なかでも仙台の「七夕まつり」はとても有名です。「七夕」は、日本全国で行
われる行事の一つです。たいてい7月7日に行われます。七夕のとき、私たちは
笹に短冊や飾りをつけます。
　しかし、仙台の「七夕まつり」は旧暦の7月、現在の8月に行われます。そし
て、飾りも決まったものがあります。たとえば、巾着や投網など、七つの飾り
を作ります。巾着はお金に困らないように、投網は食べ物に困らないようにと
いう意味です。みなさんも、折り紙で飾りを作ってみましょう。

仙台七夕まつり
せんだいたなばた

参考：「ねがいかざろう 仙台七夕 七つ飾リ」
https://www.sendaitanabata.com/img/outline/decoration/
pdf_decoration.pdf（2023 年 6 月 24 日閲覧）

In Japan, there are various festivals in many different areas throughout the year. One of
the most famous festivals is the "Tanabata Festival" held in Sendai. Tanabata is one of the
events held all over Japan, usually on July 7th. On the day of Tanabata, we put strips of
paper, decorations, etc. on the smaller species of running bamboo.
However, the "Tanabata Festival" in Sendai is held in August, which is July in Japan's old
calendar. There are some decorations that are determined. They make seven kinds of
decorations, such as drawstring, cast nets, etc. The purpose of making a drawstring is to
prevent money trouble. The meaning of cast nets is to prevent a lack of food. Let's make
the decoration with Origami.

在日本、一年中各地都会举办各种各样的祭典。其中，仙台的"七夕祭"非常有名。"七夕"是
全国范围内举行的一项活动。通常在 7 月 7 日举行。七夕时，我们会在竹叶上挂上短笺和装饰品。
不过，仙台的"七夕祭"是在旧历的 7 月，即现在的 8 月举行。并且，装饰品也有规定的种类。
比如制作像小钱袋或者渔网等七种装饰品。小钱袋代表着不缺钱用，渔网代表着不缺食物。大
家也试着用折纸来制作装饰品吧。

Ở Nhật Bản, trong một năm có nhiều nơi tổ chức nhiều lễ hội. Trong đó có một lễ hội rất nổi
tiếng được tổ chức ở Sendai, lễ hội "Tanabata". "Tanabata" là một trong những ngày lễ được
tổ chức trên toàn Nhật Bản. Thường được tổ chức ngày 7 tháng 7. Vào ngày thất tịch, người ta
trang trí trên cây trúc những lời nguyện ghi trên những mảnh giấy nhỏ.
　Tuy nhiên, "lễ hội Tanabata Sendai" được tổ chức vào tháng 7 âm lịch, khoảng tháng 8 lịch
hiện hành. Và những vật trang trí cũng là những thứ định sẵn. Ví dụ, 7 món trang trí như túi
rút và lưới chài... Túi rút có ý nghĩa cầu cho không thiếu thốn tiền bạc, còn lưới chài thì cầu
cho không thiếu thốn thức ăn. Các bạn cũng hãy thử gấp origami làm những vật trang trí xem.

Self Check ☑

● 自己評価をしてみましょう。

Let's make a self-assessment. 自我评价一下吧。 Thử tự đánh giá bản thân

① 下の音声ファイルをシャドーイングして、自分の声を録音します。
② スクリプトを見ながら録音を聞き、できているかどうか確認しましょう。そして、チェック表で得点をつけましょう。
③ うまく言えなかった部分には○をつけましょう。

① Use the following audio file for shadowing, and record your voice.	① 跟读下面的音频，给自己录个音。	① Luyện tập shadowing (nói theo) file âm thanh, sau đó tự thu âm giọng của mình.
② Listen to your recording while looking at the script, and confirm whether you were able to complete it or not. Then score your recording, using the check table.	② 看着脚本内容听录音，确认自己是否跟上了。然后在确认表上打分吧。	② Vừa nghe thu âm vừa xem phần script trong sách, kiểm tra xem mình đã làm được hay chưa. Sau đó tự chấm điểm ở bảng kiểm tra.
③ Mark the parts with ○ that you could not repeat well.	③ 在没有能跟对的地方上做个 "○" 的标记。	③ Đánh dấu ○ vào phần chưa nói được tốt.

Unit 16

 58

2000年に、人間の形をした「ASIMO」というロボットが発表されました。

それ以来、私たちのロボットへの関心は高くなっています。

ロボットクリエーターの高橋智隆さんは、子どもの頃に『鉄腕アトム』

を読んで、ロボットを作る科学者になりたいと思ったそうです。

高橋さんが作るロボットは、いろいろな運動ができるそうです。

たとえば、アメリカのグランドキャニオンを登ることができます。

トライアスロンもできます。

宇宙ステーションで、人と会話することもできます。

ロボットとの会話を楽しむことができれば、人がロボットといっしょに

暮らす日は遠くないでしょう。

❶ 正確に言葉や文が言えた	1	2	3	4	合計
❷ 正確に発音できた	1	2	3	4	
❸ 飛ばさずに、スムーズに言えた	1	2	3	4	／12点

See➡ p.12,16,20

Unit 19

67

「日本の習慣」と聞いて、何をイメージしますか？

もしかすると、「家に入るとき、玄関で靴を脱ぐこと」かもしれません。

日本人が靴を脱ぐのは、きたない物を「ウチ」に入れたくないからです。

それでは、「トイレに、トイレ専用のスリッパが置かれていること」は、

どうでしょうか。もしトイレのスリッパを履いたままトイレの外に出たら、

その家の人にいやな顔をされてしまいます。

それは、トイレのスリッパもきたない物だからです。

このような習慣から、日本人にとって「ウチ」と「ソト」の区別が大切

であることがわかります。

❶ 正確に言葉や文が言えた	1	2	3	4	合計	
❷ 正確に発音できた	1	2	3	4		
❸ 飛ばさずに、スムーズに言えた	1	2	3	4		／12点

See➡ p.12,16,20

Unit 22

76

日本のコンビニは、世界一便利だと思います。

都会のにぎやかなところでは、二、三百メートルごとにコンビニがあります。

コンビニでは、食べ物や飲み物、雑誌を買うだけでなく、ガス代や電話料

金を払うこともできます。また、ＡＴＭからお金を引き出すこともでき

ます。さらに、コピーすることもできるし、美術館のチケットを買ったり、

荷物を送ったりすることもできます。

コンビニのお弁当は、安くて、おいしいです。それで、お昼の時間にはた

くさん客がいて、レジで待たされることもあります。しかし、品質管理

が厳しいので、古くなった食べ物を買わされる心配はありません。

❶ 正確に言葉や文が言えた	1	2	3	4	合計	
❷ 正確に発音できた	1	2	3	4		
❸ 飛ばさずに、スムーズに言えた	1	2	3	4		／12点

See➡ p.12,16,20

Unit 16〜Unit 23のほかの文章も、録音して、自分でチェックしてみましょう！
Record the other sentences from Unit 16 to Unit 23 and check them yourself!
Unit16〜Unit23以外的文章也试着录个音，自己确认一下吧。
Các bạn cũng hãy tự thu âm và kiểm tra những đoạn văn khác của Unit 16 đến Unit 23.

Section III

147

■表現(文法)リスト

N	noun	名词	danh từ
イA	i-adjective	イ形容词	tính từ -i
ナA	na-adjective	ナ形容词	tính từ na
V (※ V- る)	verb (※dictionary form of a verb)	动词 (※动词的原形)	động từ (※ thể từ điển của động từ)
S	sentence	句子	câu

タイトル		表 現	例 文	
Unit 1 あいさつ	①	**あいさつ** Greetings 寒暄 Chào hỏi	はじめまして How do you do? 初次见面 Xin chào	
			よろしくお願いします Nice to meet you. 请多关照 Rất vui được gặp bạn (anh, chị, em)	
			ありがとう(ございました) Thank you very much. 谢谢 Cám ơn	どういたしまして You are welcome. 不客气 Không có chi
			さようなら Good-bye 再见 Hẹn gặp lại	お久しぶりです It's been a long time. 好久不见 Lâu quá không gặp.
Unit 2 サルの温泉	①	**【場所】にNがあります** place 地点 địa điểm	長野県に有名な温泉があります。 There is a famous hot spring in Nagano prefecture. 长野县有一处有名的温泉。 Ở tỉnh Nagano có suối nước nóng nổi tiếng.	
	②	**Nは【場所】にあります** place	その温泉は山の中にあります。 The hot spring is in the mountain. 这个温泉在山里。 Suối nước nóng đó ở trong núi.	
	③	**イA-いです**	とてもかわいいです。 They are very cute. 很可爱。 Rất dễ thương.	
	④	**イA-いN**	大きいサルは温泉に入ります。 Big monkeys take a bath in the hot spring. 一只大猴子在泡温泉。 Những con khỉ lớn cũng vào tắm suối.	

Unit 3 寿司	①	V-たことがあります	みなさんも食べたことがありますか？ Have you ever eaten them? 大家也有吃过吗？ Các bạn cũng đã từng ăn bao giờ chưa?
	②	N1とN2	生の魚とごはんで作ります。 (Sushi) is made with raw fish and rice. 用生鱼和米饭做成的。 Được làm bằng cá sống và cơm.
	③	～たら、～	日本に行ったら、ぜひ食べてみてください。 When you go to Japan, please try eating it. 去日本的话，请一定要品尝一次。 Nếu các bạn có đi Nhật, nhất định phải ăn thử.
Unit 4 日本の季節	①	【人】が／もいます people 人 người	「季節」を「シーズン」という人もいます。 Some people refer to "kisetsu" as "seasons". 除了日语的"季节"一词，也有人会用外来语发音的"季节"这一词。 Cũng có người gọi "kisetsu" là "season".
	②	N1やN2	「桜の季節」や「花見シーズン」です。 (Spring is) "Season for cherry blossoms," "Season for viewing cherry blossoms," and so on. "櫻花的季节"或"赏樱的季节"。 Mùa "hoa anh đào" và "mùa ngắm hoa"
	③	V-ることが／ もできます	めずらしいまつりを楽しむことができます。 You can enjoy unusual festivals. 可以体验不常见的庙会祭典。 Có thể trải nghiệm những lễ hội lạ.
Unit 5 アニメの キャラクター	①	ナA-です	どのアニメのキャラクターが好きですか？ Which animation character do you like? 你喜欢什么动漫的哪一角色呢？ Bạn thích những nhân vật hoạt hình nào?
	②	イA-くて、～	黄色くて、小さくて、声もかわいいです。 It is yellow, tiny, and has a cute voice. 黄灿灿的，小小的，声音也很可爱。 Nhỏ nhắn, màu vàng, giọng nói dễ thương.
	③	Sそうです	ピカチュウの声は、世界のどの国でも同じだそうです。 They say that Picachu's voice is the same in any countries in the world. 据说，皮卡丘的声音在世界上每一个国家都是一样的。 Giọng của Pikachu thì mọi nơi trên thế giới đều giống nhau.

Unit 6 相撲	①	N1はN2です	相撲は日本のスポーツです。 Sumo is a Japanese traditional sport. 相扑是日本的一项体育运动。 Sumo là môn thể thao của Nhật Bản.
	②	(N1は)N2が イA-いです	(お相撲さんは)体がとても大きいです。 (Sumo wrestlers) have very big bodies. 相扑选手的身体都十分壮硕。 Võ sĩ sumo thân hình to khỏe.
		(N1は)N2が ナA-です	(お相撲さんは)日本語がとても上手です。 (Sumo wrestlers) are very good at Japanese. 相扑选手很擅长日语。 Võ sĩ sumo tiếng Nhật rất giỏi.
	③	V1-たり、V2-たり (します)	寝たり、本を読んだりします。 (Sumo wrestlers) take a nap, read books, etc. 睡一会觉，读一会书。 Ngủ nghỉ và đọc sách.
Unit 7 文化祭	①	V(普通形)＋N plain form 简体 thể ngắn	たとえば、ダンスやコンサートをするクラスがあります。 For example, some classes perform dancing, hold a concert, etc. 比如也有举办舞蹈或者音乐会的班级。 Ví dụ có những lớp nhảy múa và hòa nhạc.
	②	S1ので／から、S2	お客さんがたくさん来るイベントなので、がんばります。 (The students) try hard because it is an event that many visitors come. 这次活动会有很多观众前来参加，我会加油的。 Vì là sự kiện có nhiều khách đến thăm nên em sẽ cố gắng.
	③	V-たいです	みなさんも、文化祭に行きたいですか。 Would you like to go to a culture festival? 大家也想去文化节吗？ Các bạn có thích đi lễ hội văn hóa không?
Unit 8 年越し	①	日時・時間 date and time 日期・时间 ngày giờ / thời gian	毎年、1月1日、0時0分 Evey year, January 1st, midnight 每年，1月1日，0点0分。 0 giờ 0 phút ngày 1 tháng 1 hàng năm.
	②	V-ています	0時0分に何をしていますか? At midnight, what do you do? 0点0分时候你在做什么呢? 0 giờ 0 phút thì bạn thường làm gì?
	③	あまりV-ません ＜頻度＞ frequency 频率 mức độ thường xuyên	花火はあまりしません。 Fireworks are not so common (on New Year's Eve). 基本上不怎么放烟花。 Người ta không bắn pháo bông nhiều.

Unit 9 好きなアー ティストに 会える!	①	V-るから（です）	CDを持つことがカッコいいと思うからです。 Because (they think) it is cool to have CDs. 因为感觉收藏CD这件事还挺酷的。 Vì mình nghĩ nếu có CD thì sành điệu.
	②	V-るため（です）	自分が好きなアーティストを応援するためです。 The purpose is to support their favorite artists. 为自己喜欢的偶像声援。 Vì mình muốn ủng hộ nghệ sĩ mình yêu thích.
Unit 10 人気の観光 スポット	①	V-て、〜	日本の他のところと違って、湿気が少ないです。 (Hokkaido has) less humidity, unlike other parts of Japan. 与日本其他的地方不同，（这里）湿度低。 Khác những nơi khác ở Nhật Bản, (nơi đây) có độ ẩm thấp.
	②	V-てみたい（です）	旭山動物園に行ってみたいです。 I'd like to go to Asahiyama Zoo. 想去一去旭山动物园。 Tôi muốn đi thử sở thú Asahiyama.
	③	〜なら、〜	食べ物なら、ラーメンがおすすめだそうです。 For food, I heard that ramen is recommended. 食物的话，据说（比较）推荐的是拉面。 Nếu nói về món ăn thì nghe nói người ta khuyến khích ăn thử ramen.
	④	V-(よ)うと思います	私も、いつか家族と行こうと思います。 I'd like go (to Hokkaido) with my family someday. 我也在想着，什么时候和家人一起去。 Mình cũng muốn khi nào đó đi cùng với gia đình.
Unit 11 映画を 楽しもう	①	〜とき、〜	そのような場所に行くときは、マナーを守りましょう。 When you go to a place like that, be sure to behave properly. 去这些地方的时候，注意遵守礼节。 Đi đến những nơi như thế cần giữ đúng tác phong.
	②	V-ましょう ／V-(よ)う	必ず、マナーを守りましょう。 Make sure to follow the rules. 请务必遵守礼节。 Nhất định phải giữ đúng tác phong.

Unit 12 家族との時間	①	V-てあげます	(私は父に)ケーキを作ってあげます。 (I will) make a cake (for my father). 我做了个蛋糕送给爸爸。 Mình làm bánh tặng (cho bố).
	②	V-てもらいます	妹は兄に勉強を見てもらいます。 My older sister has her older brother to help her study. 哥哥在照看妹妹学习。 Anh trai chỉ cho em gái học.
	③	V-てくれます	母は私たち兄弟が好きなものを作ってくれます。 Our mother cooks what my siblings and I like. 妈妈给我们兄弟（几个）做我们喜欢的东西。 Mẹ nấu những món mà anh em mình thích.
Unit 13 観光地、あちらこちら	①	N1というN2	宮島という観光地 A tourist spot called Miyajima 一个名叫"宫岛"的观光地。 địa điểm du lịch tên là Miyajima.
	②	V-(ら)れます ＜受身＞ passive voice 被动 thể bị động	それらは、日本三景と呼ばれています。 They are called the most famous "Three Scenic Views of Japan." 这些被称作是"日本三景"。 Những địa điểm đó được gọi là tam đại tuyệt cảnh Nhật Bản.
Unit 14 鉄道で旅行を	①	Nしか+否定文 negative sentence 否定句 câu phủ định	昔は、船しかありませんでした。 A long time ago, only boats were available. 很久以前，只有船（这一种交通工具）。 Ngày xưa chỉ có tàu thuyền.
	②	V-てほしいです	掃除する人たちを、ぜひ見てほしいです。 I'd love to have you see the people who clean up. 一定要看一看清洁人员们。 Hãy xem những người quét dọn.
Unit 15 健康のために	①	Sても、～	80歳になっても、自分の歯を20本以上残そう。 At the age of 80, try to have at least 20 of your own teeth. 即便是到了80岁，也要留住原生的20颗以上的牙齿。 Dù ở tuổi 80 nhưng bản thân vẫn còn hơn 20 chiếc răng.
	②	～ば、～	20本以上自分の歯があれば、おいしく食べられます。 If you have more than 20 of your own teeth, you will enjoy eating. 自身的牙齿如果在20颗以上的话，就吃什么都香了。 Nếu còn hơn 20 chiếc răng thì vẫn có thể ăn một cách ngon lành.

Unit 16 ロボットと暮らす日	①	イA-くなります／ナA-になります	私たちのロボットへの関心は高くなっています。 Our interest in robots is growing. 我们对机器人的关注在日渐增长。 Người ta quan tâm nhiều đến rô bốt của chúng tôi.
	②	Nが／もできます	いろいろな運動ができるそうです。 I heard that (the robot) can do a variety of exercises. 据说能进行各种运动。 Nghe nói có thể vận động được nhiều.
Unit 17 どんな学生生活ですか?	①	（N1より）N2のほうが、イA-いです／ナA-です	日本よりアメリカの授業のほうがにぎやかです。 Classes in the U.S. schools are more lively than those in Japanese schools. 美国的课堂（氛围）比日本的更热闹一些。 Những giờ học ở Mỹ thì sôi nổi hơn Nhật Bản.
	②	Nほど〜ない	アメリカには、日本ほどクラブ活動をする学生がいません。 In U.S. schools, there are fewer students who are involved in club activities than in Japanese schools. 在美国，参加社团活动的学生没有日本的多。 Ở Mỹ thì không có nhiều học sinh tham gia hoạt động câu lạc bộ như Nhật Bản.
Unit 18 メディアの形が変わっても	①	Nとして	コミュニケーションの手段として使われていました。 (E-mail was) used as a means of communication. 曾经被当作一种交流方式使用过。 Được sử dụng như là phương tiện giao tiếp.
	②	V-るようになります	新聞は、スマホで読むようになりました。 Newspapers are now read on smart phones. 人们逐渐在手机上读报了。 Người ta đọc báo bằng điện thoại nhiều hơn.
	③	V-なければなりません／V-なければいけません	わかりやすい言葉を選ばなければなりません。 You must choose the words that are easy to understand. 必须选用简单易懂的语句。 Chúng ta phải lựa chọn những từ ngữ dễ hiểu.

Unit 19 ウチ、ソト、 スリッパ	①	**自動詞** <small>じ どう し</small> intransitive verb 自动词 tự động từ	家に入るとき、靴を脱ぐことかもしれません。 <small>いえ はい くつ ぬ</small> It may be (the custom of) taking off your shoes when you enter a house. 进入家门时也许要拖鞋。 Sau khi vào nhà, có lẽ chúng ta cần cởi giày.
		他動詞 <small>た どう し</small> transitive verb 他动词 tha động từ	きたない物を「ウチ」に入れたくないからです。 <small>もの い</small> Because we do not want to bring dirty things "inside." 因为不想把不干净的东西带回家中。 Không muốn cho những thứ "dơ bẩn" vào nhà.
	②	**V-たまま**	トイレのスリッパを履いたまま、外に出ます。 <small>は そと で</small> (You) keep the bathroom slippers on and go outside (the bathroom) . （脚上还）穿着洗手间的拖鞋就走出来了。 Đi dép dùng trong nhà vệ sinh ra ngoài.
	③	**V-てしまいます**	その家の人にいやな顔をされてしまいます。 <small>いえ ひと かお</small> (If you do so) the people in that house give you a dirty look. 房子的主人家会不太开心的表情。 (Nếu bạn làm như thế), bạn sẽ bị người ở nhà đó tỏ ra khó chịu.
Unit 20 日本の家は 住みやす い?	①	**V-(さ) せます** **<使役>** <small>し えき</small> causative 使役 thể sai khiến	親が靴を脱がせたりします。 <small>おや くつ ぬ</small> Sometimes parents help (the children) take off their shoes. 父母会让你脱掉鞋子。 Bố mẹ thì bắt con cái cởi giày ra.
	②	**ナ-A／Nにします**	犬の足をきれいにします。 <small>いぬ あし</small> (They) clean the dog's feet. 把狗的脚弄干净。 Lau sạch chân cho chó.
	③	**V-てから**	犬の足をきれいにしてから家の中に入れます。 <small>いぬ あし いえ なか い</small> (They) clean the dog's feet before letting it enter into the house. 把狗的脚弄干净狗再带进家中。 Lau sạch chân cho chó rồi mới cho vào nhà.
Unit 21 大好き! 日本のマン がやアニメ	①	**〜ようです／** **みたいです**	『ポケモン』などが人気があるようです。 <small>にん き</small> (For anime, manga, etc.) such as "Pokemon" seems very popular. 据说《宝可梦》等很受欢迎。 Dường như "Pokemon" rất được ưa thích.
	②	**〜でしょう／だろう**	アニメが、私たちを楽しませてくれるでしょう。 <small>わたし たの</small> Animation will entertain us. 动漫能让我们感到很快乐吧。 Phim hoạt hình làm cho chúng ta thấy vui.

Unit 22 日本の コンビニは 世界一	①	V-さ (せら) れます **＜使役受身＞** しえきうけみ causative passive 使役被动 thể sai khiến bị động	レジで待たされることもあります。 You may have to wait at the register. 也会有让你在收银台等的时候。 Có khi bị chờ ở quầy tính tiền.
Unit 23 私の好きな まちをご紹 介します	①	お／ご～します	私の好きなまちをご紹介します。 わたし　す　　　　　　　しょうかい I will introduce the place I like. 介绍一下我喜欢的城镇。 Giới thiệu thành phố mà mình yêu thích.
	②	お／ご～ください	こちらのスライドをごらんください。 Please look at this slide. 请看这边的幻灯片。 Mời các bạn xem slide chiếu này.
	③	お／ご＋N	おまつり festival 祭典 Lễ hội ご質問 しつもん questions 提问 Câu hỏi

この教材をお使いになる先生へ：評価のやり方

教師がシャドーイングを評価する場合、以下の「評価シート」を使用できます。
※教師用評価シート（評価項目、コメントの部分のみ）は Web サイトからダウンロードしてください。

■ **教師用評価シート**

北海道は、日本の 一番 北に あります。

日本の 他の ところと 違って、湿気が 少ないです。

だから、夏も 気持ちが いいです。

北海道には、たくさん 観光するところが あります。

北海道に 行ったら、旭山動物園に 行ってみたいです。

富良野には、ラベンダー畑が あります。

7 月が、一番 きれいだそうです。

2 月には、札幌で 雪まつりが あります。

食べ物なら、ラーメン、カニ、メロンが おすすめだそうです。

私も、いつか 家族と 行こうと 思います。

●評価項目

			できなかった	あまりできなかった	だいたいできた	よくできた	
正確さ	①	単語や助詞や活用が正確にできた	1	2	3	4	
	②	発音や韻律が正確にできた	1	2	3	4	
流暢さ	③	飛ばさずに、モデル音声のスピードについていくことができた	1	2	3	4	／12点

●先生からのコメント

次のような点に注目して採点してください。

■正確さ
①単語と文法
1) 単語
□ 他の単語になっていないか。

〈例〉 ×旭川動物園 → ○旭山動物園

□ 途中で止まって無言になることはないか。

〈例〉 ×他のと……違って → ○他のところと違って

□ 聞こえる声の大きさではっきりと言っているか。

〈例〉 ×富良野に×△□×△□ があります

→ ○富良野にはラベンダー畑があります

2) 文法（助詞、活用など）
□ 助詞は正しいか。

〈例〉 ×夏の気持ちがいいです → ○夏も気持ちがいいです

□ 活用は正しいか。

〈例〉 ×食べたみたいです → ○食べてみたいです

②音声（発音、韻律）
1) 発音：単音、清濁、長短、促音、拗音など
□ 発音は正しいか。

〈例〉 ×メーロン→ ○メロン、×ラメン→ ○ラーメン

2) 韻律（プロソディー）：アクセント、イントネーション、リズム、ポーズ、プロミネンスなど
□ アクセントは正しいか。

〈例〉 ×な＼つも→○なつ＼も、×さっぽ＼ろで→○さっぽ￣で

□ イントネーションは正しいか。

〈例〉 ×夏も気持ちがいいです↗　○夏も気持ちがいいです↘

□ モデル音声と同じ所でポーズを入れているか。

〈例〉 ×北海道に　はたくさん観光するところが

○北海道には　たくさん観光するところが

■流暢さ
□ モデル音声のようになめらかに言っているか。
□ モデル音声のスピードに遅れずについていけているか。

　評価項目は、練習の目的に合わせて変更してください。たとえば、正しい発音にするためにプロソディ・シャドーイングに取り組んでいる場合には、発音、アクセント、イントネーション、リズムなどだけを評価項目として取り上げてもいいです。詳しい評価方法については、山内（2019）と古本（2019）をご参照ください。

● 参考文献

山内　豊（2019）「シャドーイングの評価（1）：手動評価」『日本語教師のためのシ
　　ャドーイング指導』第5章, くろしお出版, 108-118.
古本裕美（2019）「シャドーイングの評価（2）：学習者へのフィードバック」『日本
　　語教師のためのシャドーイング指導』第6章, くろしお出版, 122-136.

● 著者紹介

迫田久美子（Kumiko Sakoda）[監修]　　広島大学 森戸国際高等教育学院 特任教授
　　　　　　　　　　　　　　　　　　　　　国立国語研究所 名誉教授
　　著書：『日本語学習者コーパス I-JAS 入門―研究・教育にどう使うか―』（2020, 共著, くろし
　　お出版）,『学習者コーパスと日本語教育研究』（2019, 共著, くろしお出版）,『改訂版
　　日本語教育に生かす 第二言語習得研究』（2020, アルク）など。

古本裕美（Yumi Furumoto）[編著]　　長崎大学 留学生教育・支援センター 准教授
　　著書：『日本語教師のためのシャドーイング指導』（2019, 共著, くろしお出版）

シャドーイング教材作成チーム［著］

近藤妙子（Taeko Kondo）　　　　　　　広島女学院大学人文学部 非常勤講師
　　　　　　　　　　　　　　　　　　　　HLA 学院校長

近藤玲子（Reiko Kondo）　　　　　　　オークランド大学人文学部 専任講師

リード真澄（Masumi Reade）　　　　　上智大学 言語教育研究センター 非常勤講師

崔 眞姫（Jinhui Choi）　　　　　　　　白石大学校 語文学部 副教授

尹 鎬淑（Hosook Youn）　　　　　　　サイバー韓国外国語大学校 日本語学部 教授

フォード史子（Fumiko Foard）　　　　アリゾナ州立大学 Emeritus College 日本語名誉講師

タサニー・メーターピスィット　　　　元・タマサート大学 教養学部 准教授
（Tasanee Methapisit）

尹 楨勛（Jeonghun Yoon）　　　　　　釜山外国語大学校 日本語融合学部 助教授

マライカム・サヤコン　　　　　　　　ラオス国立大学 文学部 講師
（Malaykham Sayakone）

フェルナー眞理子（Mariko Fellner）　元・州立ユーバーゼー高等学校 非常勤講師
　　　　　　　　　　　　　　　　　　　元・カール・フランツェンス大学グラーツ 社会経済学部
　　　　　　　　　　　　　　　　　　　非常勤講師

Shadowing・シャドーイング
もっと話せる日本語 初〜中級編
英語・中国語・ベトナム語訳付き

New・Shadowing : Let's master conversational Japanese!
Beginner to Intermediate Edition
English, Chinese, Vietnamese translations

2023年7月25日　初版
2024年5月21日　第2刷

監修・編著	迫田久美子 [監修]・古本裕美 [編著]
著者	シャドーイング教材作成チーム
発行人	岡野秀夫
発行所	株式会社くろしお出版
	〒102-0084　東京都千代田区二番町4-3
	Tel 03-6261-2867　Fax 03-6261-2879
	URL www.9640.jp　Mail kurosio@9640.jp
印刷	シナノ印刷
翻訳	リード真澄 (英語)
	John Hofmann Reade (英語)
	林子慧 (中国語)
	Trần Công Danh (チャン・コン・ヤン) (ベトナム語)
本文・装丁デザイン	鈴木章宏
イラスト	村山宇希 (ぼるか)
編集	市川麻里子
音声	狩生健志 (録音) ◉ 松村亮, 富樫萌々香, 山口海香 (声優)

音声について
おんせい
Audio Files/关于音频/File âm thanh

音声はこちらからダウンロードして、
練習してください。

Please download audio files and use them for practice.
请从此处下载音频进行练习。
Có thể tải file âm thanh dùng để luyện tập tại đây.

■音声ダウンロードページ

https://www.9640.jp/shadowing-motto/

■パスワード・Password

hanasu52B

ご案内

 ## Yomujp
にほんご たどくどうじょう
日本語多読道場

むりょう おんせいつ よ ものきょうざい
無料の音声付き読み物教材
Reading and Listening materials for free

がくしゅうしゃ きょうみ も よ もの べつ けいさい
学習者が興味を持つトピックについて、読み物をレベル別に掲載した
よ じしゅうよう にほんご じゅぎょう
ウェブサイト。PCやスマホで気軽に読める。自習用や、日本語の授業に。